MARIANNE JARSTORFF

DER WECKRUF

EIN WORT AN DIE GEMEINDE IN DEUTSCHLAND

Der Weckruf

Ein Wort an die Gemeinde in Deutschland

Marianne Jarstorff

ISBN 978-3-944108-66-7
1. Auflage April 2015

Bibelstellen wurden in der Regel der Lutherbibel 1984 und der Zürcher Übersetzung entnommen. Andere Übersetzungen entsprechend gekennzeichnet.

Gestickte Flagge nach einem Motiv von © Marianne Jarstorff
Cover: Albrecht Fietz, Image Design
Druck: Booksfactory.de

Christus für Europa e.V.
Berliner Straße 1
16356 Werneuchen
033398-918771

Kontakt: info@christusfuereuropa.de

www.christusfuereuropa.de
www.wcvshop.de

Inhaltsverzeichnis

Einleitung

Als der Herr begann, mir die Augen über sein Volk Israel zu öffnen, war ich zuerst am meisten über die Zuverlässigkeit seines Wortes erstaunt. Es faszinierte mich, dass sich die vor Jahrtausenden gemachten Verheißungen vor meinen Augen tatsächlich ereigneten. Dann zeigte mir der Herr durch den Römerbrief Kapitel 9-11, in welches Beziehungsverhältnis er uns zu seinem auserwählten Volk gestellt hat. Die klare Verständlichkeit dieser Aussagen des Apostels Paulus lösten in mir eine neue Verwunderung aus. Warum ist es für uns Christen so schwer, Israel den Platz in unseren Gemeinden zukommen zu lassen, der ihm so offensichtlich gehört?

Es scheint, dass Israel-Gebetsgruppen – meist eher geduldet als wirklich geschätzt – ein Schattendasein führen. Im positiveren Fall werden sie als interessante Bereicherung des Gemeinderepertoires empfunden. Pastoren und Gemeindeleitungen sind häufig dankbar, dass dieser für sie unsichere und nicht richtig zu erfassende Bereich in einer gewissen Form abgedeckt ist. Oft ist es keine eindeutige Ablehnung des Themas, die zu einem ambivalenten Verhalten führt, sondern schlichte Unkenntnis und Hilflosigkeit. Pastoren und Gemeindeleiter haben auf Universitäten oder Pastorenausbildungsstätten darüber keine korrekte biblische Lehre empfangen. Viele wurden sogar in Ersatz- oder Enterbungstheologie unterrichtet, die lehrt, dass die christliche Kirche an die Stelle des auserwählten Volkes Israel getreten sei.

Als ich die Schieflage dieser Situation erfasste, kam ich immer mehr in innere Not. Einerseits wusste ich, dass Israel ein Basisthema in der Gemeinde Jesu sein müsste, andererseits sah ich das Unvermögen der verantwortlichen Leiter, ihre Gemeinden darüber zu lehren. Hinzu kommt heute noch häufig eine ungute

Vermischung in der Beurteilung Israels. Sein politisches Verhalten wird zum Anlass genommen, darüber zu entscheiden, ob wir uns an die Seite dieses Volkes stellen können oder nicht. An diesem Punkt setzt ein sehr menschliches Verhalten ein. Wenn wir hören, dass der Herr jemanden besonders liebt, indem er ihn als auserwählt bezeichnet, und ihm eine außergewöhnliche Bestimmung gegeben hat, setzen wir unsere schärfste Brille auf. Wir beobachten genau, wie sich derjenige verhält, und wollen selbst entscheiden, ob er dieser Auszeichnung wert ist. Lupenrein erkennen wir jeden Fehler und jedes Vergehen und fällen dementsprechend unser Urteil. Diese Haltung hat der Leib Christi gegenüber den Juden eingenommen. Dabei ist hier eine klare Unterscheidung vor dem biblischen Hintergrund dringend erforderlich.

Aufgrund der Erkenntnis dieser und weiterer Zusammenhänge, auf die ich in dem vorliegenden Buch eingehe, führte mich der Herr in den Zustand einer derart starken inneren Bedrängnis, dass ich ihn anflehte, mir zu zeigen, was ich damit anfangen sollte. Als besonderen Schwerpunkt hatte er mir noch die spezielle Verantwortung seiner Gemeinde in Deutschland ans Herz gelegt. Er sprach zu mir über die Berufung unseres Volkes in Bezug auf Israel, und dass allen voran wir Christen dafür eine Sicht von ihm empfangen müssen. Als Fürbitterin hatte ich all diese Anliegen seit langem immer wieder vor ihn gebracht, aber jetzt machte der Herr mir klar, dass er möchte, dass ich alles verständlich und nachvollziehbar aufschreiben sollte. Er gab mir das Wort aus Habakuk 2,2-3 (Elberfelder):

> „Und der HERR erwiderte mir und sprach: Schreib die Vision auf, und zwar deutlich auf die Tafeln, damit man es geläufig lesen kann. Denn die Vision gilt erst für die festgesetzte Zeit, und sie strebt auf das Ende hin und lügt nicht. Wenn sie sich verzögert, warte darauf; denn kommen wird sie, sie wird nicht ausbleiben.“

Als ich am 15.10.2013 zu schreiben begann, lautete die Tageslosung der Herrnhuter Brüdergemeinde:

> „Ist nicht Ephraim mein teurer Sohn und mein liebes Kind? Denn sooft ich ihm auch drohe, muss ich doch seiner gedenken; darum bricht mir mein Herz, dass ich mich seiner erbarmen muss, spricht der HERR.“ (Jeremia 31,20; Luther 1984)

Mein Herzenswunsch ist es, dass der Herr in seiner Gemeinde in Deutschland mit diesem Buch zu seinem Ziel kommt. Dafür bete ich.

Marianne Jarstorff, April 2015

Mein persönlicher Weg

Im Jahr 1997 erfuhr ich zum ersten Mal, dass Gott sein jüdisches Volk sammelt und es nach Israel zurückführt. In den Jahren zuvor hatte ich davon gehört, dass ein Schweizer Reiseunternehmer namens Gustav Scheller im Auftrag Gottes ein Schiff gechartert hatte, um jüdische Menschen aus der ehemaligen Sowjetunion von Odessa nach Haifa zu bringen. Aber die gewaltige Bedeutung dieses Geschehens war mir verborgen geblieben. Anscheinend nahm auch die übrige Gemeinde in unserem Land kaum davon Notiz.

Doch nun realisierte ich auf einmal, dass sich hier buchstäblich Gottes Wort vor den Augen der Welt erfüllte. „Warum berichten die Medien nicht darüber? Warum bleibt die Weltöffentlichkeit völlig uninformiert?" Diese Gedanken bewegten mich, als der Herr mir die Augen für sein mächtiges Handeln geöffnet hatte. Was für ein Zeugnis der Wahrhaftigkeit und Treue Gottes! Zum ersten Mal erkannte ich etwas von der unfassbar großen Liebe Gottes zu seinem auserwähltes Volk Israel. Mit dieser Erkenntnis legte der Herr mir ein Stück seiner Liebe für dieses Volk in mein Herz. Auf einmal musste ich weinen, wenn ich von Holocaustüberlebenden hörte, hatte das Verlangen, solche Menschen kennenzulernen, ihnen liebevoll zu begegnen, um sie zu trösten. Es war, als ob der Herr mir eine Decke von den Augen meines Herzens genommen hatte. Und als hätte ich diese Worte nie zuvor gelesen, erkannte ich plötzlich ihre aktuelle Erfüllung:

> „Denn so spricht der HERR: Jubelt über Jakob mit Freuden und jauchzt über das Haupt der Nationen! Verkündet, lobsingt und sprecht: Gerettet hat der HERR sein Volk, den Rest Israels! Siehe, ich bringe sie herbei aus dem Land des Nordens und sammle sie von den

äußersten Ende der Erde, unter ihnen Blinde und Lahme, Schwangere und Gebärende, sie alle zusammen; als eine große Volksversammlung kehren sie hierher zurück. Mit Weinen kommen sie, und unter Flehen führe ich sie. Ich bringe sie zu Wasserbächen auf einem ebenen Weg, auf dem sie nicht stürzen. Denn ich bin Israel wieder zum Vater geworden, und Ephraim ist mein Erstgeborener. Hört das Wort des HERRN, ihr Nationen, und meldet es auf den fernen Inseln und sagt: Der Israel zerstreut hat, wird es wieder sammeln und wird es hüten wie ein Hirte seine Herde! Denn der HERR hat Jakob losgekauft und hat ihn erlöst aus der Hand dessen, der stärker war als er. Und sie werden kommen und jubeln auf der Höhe Zions und herbeiströmen zu all dem Guten des HERRN: zum Korn, zum Most, zum Öl und zu den jungen Schafen und Rindern. Und ihre Seele wird sein wie ein bewässerter Garten, und sie werden nicht mehr länger verschmachten. Dann wird die Jungfrau sich erfreuen am Reigen, junge Männer und Greise miteinander. Und ich will ihre Trauer in Freude verwandeln und will sie trösten und erfreuen in ihrem Kummer. Und ich will die Seele der Priester mit Fett laben, und mein Volk wird sich an all meinem Guten sättigen, spricht der HERR." (Jeremia 31,7-14; Elberfelder)

Ich erfuhr, dass mit dem Land des Nordens (V. 8) die ehemalige Sowjetunion gemeint war. Geschwister, die der Herr gerufen hatte, jüdischen Menschen bei ihrer Alijah (Rückkehr der Juden) aus verschiedenen Regionen der GUS zu helfen, berichteten, dass sich auch hier Gottes Wort schriftgemäß erfüllte:

„So spricht der Herr, HERR: Siehe, ich werde meine Hand zu den Nationen hin erheben und zu den Völkern hin mein Feldzeichen aufrichten. Und sie werden deine Söhne auf den Armen bringen, und deine Töchter werden auf der Schulter getragen werden." (Jesaja 49,22; Elberfelder)

„Und gebeugt werden zu dir kommen die Söhne deiner Unterdrücker, und alle, die dich geschmäht haben, werden sich niederwerfen zu deinen Fußsohlen. Und sie werden dich nennen: Stadt des HERRN, Zion des Heiligen Israels." (Jesaja 60,14; Elberfelder)

Welche Bedeutung hat dies alles für mich, für den Leib Christi? Ich hatte gelernt, dass alle Verheißungen, die Israel gegeben worden waren, jetzt, durch den neuen Bund und den Glauben an Jesu Opfertod den Christen galten. Ohne mir weiter Gedanken darüber zu machen, hatte ich mich der Sicht angeschlossen, die in den Gemeinden üblich war: Die Juden hatten den Messias abgelehnt und ihn ans Kreuz schlagen lassen und somit die ihnen von Gott angebotene Erlösung zurückgewiesen. Folglich hatte der Herr sich von seinem Volk abgewandt und seine Gnade denen erwiesen, die sich aus den Nationen Jesus im Glauben zuwandten. Welch ein Irrtum! Ich hatte unbemerkt aus der Giftquelle der sogenannten Ersatz- oder Enterbungstheologie getrunken und durfte nun durch Gottes Gnade die Wahrheit erkennen. Mit Freude bat ich den Herrn um Vergebung. Allmählich begann ich zu ahnen, welch gewaltige Dimension des Reichtums und der Liebe Gottes sich in seiner Treue zu Israel verbarg.

„Israel – das Fenster zur Herrlichkeit Gottes" hieß das Thema eines Seminars, an dem ich in jenen Tagen teilnahm. Herrlichkeit Gottes bedeutet Macht, Ansehen, göttliche Hoheit, Autorität gepaart mit strahlendem Lichtglanz. An Israel soll die Welt Gottes Wesen erkennen. Gott nennt Israel seinen erstgeborenen Sohn:

> „Und du sollst zum Pharao sagen: „So spricht der HERR: Mein erstgeborener Sohn ist Israel – und ich sage dir: Lass meinen Sohn ziehen, damit er mir dient! Wenn du dich aber weigerst, ihn ziehen zu lassen, siehe, dann werde ich deinen erstgeborenen Sohn umbringen.“ (2. Mose 4,22-23; Elberfelder)

> „Ist nicht Ephraim mein teurer Sohn und mein liebes Kind? Denn sooft ich ihm auch drohe, muss ich doch seiner gedenken; darum bricht mir mein Herz, dass ich mich seiner erbarmen muss, spricht der HERR.“ (Jeremia 31,20; Luther 1984)

Zum Zeugen für alle Völker und Nationen hat der Herr Israel berufen:

> „Ihr seid meine Zeugen, spricht der HERR, und mein Knecht, den ich erwählt habe, damit ihr erkennt und mir glaubt und einseht, dass ich es bin. Vor mir wurde kein Gott gebildet, und nach mir wird keiner sein. Ich, ich bin der HERR, und außer mir gibt es keinen Retter. Ich habe verkündigt und gerettet und hören lassen, und kein fremder Gott war unter euch. Und ihr seid meine Zeugen, spricht der HERR; ich bin Gott.“ (Jesaja 43,10-12; Elberfelder)

Gott hat sich dieses Volk erwählt, um der ganzen Welt sein Herz und sein Wesen zu offenbaren. Es soll allen Menschen veranschaulichen, wie heilig, mächtig und gleichzeitig gütig, barmherzig und zugewandt er ist. Die Welt kann dies nicht verstehen. Wie steht es aber mit der Gemeinde Jesu? Dieser Frage möchte ich in dieser Schrift nachgehen.

Die Decke

Christen sprechen des Öfteren von der Decke auf den Augen des Herzens der Juden, durch die sie Jesus nicht als ihren Messias erkennen können.

> „Aber bis heute, sooft Mose gelesen wird, liegt eine Decke auf ihrem Herzen." (2. Kor. 3,15; Elberfelder)

Ist es jedoch nicht auch umgekehrt der Fall, dass wir Christen eine Decke auf den Augen unseres Herzens haben, wenn es um die Bedeutung Israels geht?

Warum ist es für uns nicht selbstverständlich, dass die Bibel, Grundlage unseres Glaubens, ein jüdisches Buch ist?

Die Bibel besteht aus 66 Büchern, deren Verfasser – mit Ausnahme von Lukas – alle Juden waren. In ihr kommt das Wort ‚Israel' über 2.300 Mal vor. Sie ist in ihrem ersten Teil, dem Alten Testament, die gemeinsame Heilige Schrift von Juden und Christen (2. Tim.3,15-17).

Die Weisen aus dem Morgenland fragen in Matthäus 2,2: ***Wo ist der neugeborene König der Juden?*** (Zürcher). Als Jesus nach seiner Gefangennahme vor den Statthalter gestellt und von ihm gefragt wurde: ***Bist du der König der Juden?*** antwortet er: ***Du sagst es.*** (Matthäus 27,11; Elberfelder). Wenig später legten ihm die Soldaten einen roten Mantel um, setzten ihm eine Dornenkrone auf, gaben ihm ein Rohr in seine rechte Hand und warfen sich vor ihm nieder, um ihn mit den Worten zu verspotten ***Heil dir, König der Juden*** (Matthäus 27,29; Einheitsübersetzung).

Pontius Pilatus ließ am Kreuz Jesu eine Tafel mit der Aufschrift in Hebräisch, Latein und Griechisch anbringen: ***Jesus, der Nazoräer, der König der Juden*** (Johannes 19,19; Elberfelder). Ungewollt wurde Pilatus damit zum prophetischen Werkzeug

Gottes, indem er der gesamten Welt Jesus als den vorstellte, der er ist: Der König der Juden.

Während seines ganzen Lebens war Jesus Jude unter Juden, für Juden gekommen: ***Er kam in das Seine, und die Seinen nahmen ihn nicht auf.*** (Johannes 1,11; Zürcher).

In Johannes 10,16 gibt er zum ersten Mal einen Hinweis darauf, dass er auch für die Menschen außerhalb seines Volkes gekommen war: ***Und ich habe noch andere Schafe, die sind nicht aus diesem Stall; auch sie muss ich herführen, und sie werden meine Stimme hören, und es wird „eine" Herde und „ein" Hirte werden."*** (Luther 1984)

Weder im Alten noch im Neuen Testament hat Gott sich von Israel losgesagt, nie war Jesus von seinem Volk zu trennen. Paulus schreibt in seinem Brief an die Römer:

> „Hat Gott sein Volk etwa verstoßen? Niemals! Ich bin ja selbst ein Israelit, ein Nachkomme Abrahams aus dem Stamm Benjamin. Nein, Gott hat sein Volk nicht verstoßen; schließlich hat er schon vor aller Zeit die Entscheidung getroffen, dass es ihm gehören soll." (Römer 11,1-2; Neue Genfer Übersetzung)

> „Sie sind ja Israeliten; ihnen hat Gott die Sohneswürde geschenkt. Ihnen hat er sich in seiner Herrlichkeit gezeigt, mit ihnen hat er seine Bündnisse geschlossen, ihnen hat er das Gesetz und die Ordnungen des Gottesdienstes gegeben, ihnen gelten seine Zusagen. Sie sind Nachkommen der Stammväter, die Gott erwählt hat, und aus ihrer Mitte ist seiner irdischen Herkunft nach der Messias hervorgegangen, Christus, der Herr über alles, der für immer und ewig zu preisende Gott. Amen." (Römer 9,4-5; Neue Genfer Übersetzung)

Was machen wir mit diesen unmissverständlichen Fakten? Es ist erstaunlich, dass Millionen Christen den Römerbrief lesen und Kapitel 9–11 für sie völlig bedeutungslos bleiben. Es scheint, als ob die darin enthaltenen klaren Aussagen vor ihren Augen verhüllt sind. Gibt es dafür einen Grund? Wo ist die Wurzel für diese Blindheit?

Diesen Fragen möchte ich im nächsten Kapitel nachgehen.

Die Trennung von der saftreichen Wurzel

Die jüdisch geprägte Urgemeinde

Die ersten Nachfolger Jesu waren Juden. Sie waren durch die Pfingstpredigt des Apostel Petrus an Jesus gläubig geworden, wurden von jüdischen Lehrern gelehrt und lasen die Thora. Sie versammelten sich im Tempel, trafen sich jeweils in den Häusern, um das Brot zu brechen und nahmen gemeinsame Mahlzeiten ein.

> „Täglich verharrten sie einmütig im Tempel und brachen zu Hause das Brot, nahmen Speise mit Jubel und Schlichtheit des Herzens, lobten Gott und hatten Gunst beim ganzen Volk. Der Herr aber tat täglich hinzu, die gerettet werden sollten." (Apg. 2,46-47; Elberfelder)

Sie feierten den Schabbat und hielten ihn als Ruhetag ebenso wie die von Gott angeordneten Feste des Herrn. Sie machten es wie Jesus, der als Jude zu seinem Volk gekommen war und als solcher unter ihm gelebt hatte. Auch er hatte an den jüdischen Traditionen nichts verändert. Dies geschah sowohl in Jerusalem als auch später in Korinth oder Rom, wo es Hausgemeinden gab.

Auf dem ersten Konzil von Jerusalem im Jahr 49 n. Chr. beschlossen die Apostel lediglich, dass die nichtjüdischen Nachfolger Jesu nur einige wenige Gebote des mosaischen Gesetzes einzuhalten hätten.

> „Denn es hat dem Heiligen Geist und uns gut geschienen, keine größere Last auf euch zu legen als diese notwendigen Stücke: euch zu enthalten von

Götzenopfern und von Blut und von Ersticktem und von Unzucht. Wenn ihr euch davor bewahrt, so werdet ihr wohl tun." (Apostelgeschichte 15,28-29; Elberfelder)

Die Beschneidung gehörte für Heidenchristen nicht dazu, sie wurde jedoch für die an Jesus gläubigen Juden nicht aufgehoben. Sie haben damals wie heute die Freiheit, ihre jüdische Zugehörigkeit auszuleben. Jobst Bittner schreibt in seinem Buch „Die Decke des Schweigens":

„Obwohl die römische, die korinthische und auch die Jerusalemer Gemeinde als ein Spiegel der städtischen Gesellschaft multikulturell war, blieb sie dennoch eine durch und durch jüdisch geprägte Gemeinde. Das war nicht unbedingt selbstverständlich, denn die Juden in der Diaspora waren ebenso wie im heimischen Palästina seit über dreihundert Jahren schon immer dem allgegenwärtigen Einfluss ihres Umfelds ausgesetzt gewesen. Während das Aramäische die Umgangssprache des einfachen Volkes war, hatte sich das Griechische schon längst als die offizielle Amtssprache durchgesetzt. Durch das starke Wachstum gab es in den Gemeinden inzwischen wesentlich mehr griechisch geprägte Heidenchristen als jüdische Gläubige. Trotz starken griechischen Einflusses und zahlreicher Angriffe und Attacken blieb die jüdische Prägung der Gemeinde bis ins 4. Jahrhundert n. Chr. ungebrochen."

Die Trennung unter Kaiser Konstantin

Wann und wodurch vollzog sich die Trennung der Heidenchristen von der saftreichen Wurzel des jüdischen Ölbaums?

> „Wenn jedoch einige der Zweige ausgebrochen worden sind, du aber, der du von einem wilden Ölbaum stammst, unter ihnen eingepfropft worden bist und an der saftreichen Wurzel des Ölbaums mit Anteil bekommen hast, so rühme dich nicht wider die Zweige; rühmst du dich aber wider sie [‚so wisse]: nicht du trägst die Wurzel, sondern die Wurzel dich." (Römer 11,17-18; Zürcher)

Hier ein kurzer geschichtlicher Abriss: Unter der Herrschaft Kaiser Konstantins (270-337 n. Chr.), der sich zum Christentum bekannte, obwohl er bis zu seinem Lebensende ein Anhänger der Vielgötterei war, hörte die Christenverfolgung auf. Er gewährte die Freiheit des Gottesdienstes und hob damit auch das Verbot des Christentums auf. 315 n. Chr. gab er eine Reihe antijüdischer Edikte heraus. 321 n. Chr. erklärte er den Sonntag zum christlichen Ruhetag. Auf dem Konzil von Nicäa, 325 n. Chr., waren erstmalig bei einem Konzil judenchristliche Bischöfe nicht eingeladen. Es wurden Beschlüsse gefasst gegen die zunehmenden Ketzereien, ein Verbot für Juden, christliche Sklaven zu halten. Das Osterfest wurde auf den Sonntag *nach* Pessach gelegt:

> „Denn es wäre außer jedem Maßstab ungebührlich, wenn wir in dem heiligsten aller Feste den Gewohnheiten der Juden nachfolgten. Lasst uns nichts gemeinsam haben mit dem abscheulichen Volk."

391 n. Chr. (1) wurde das Christentum die offizielle Staatsreligion des römischen Reiches, jedoch entfernte sich die Kirche immer mehr von der apostolischen Glaubens- und Lebenspraxis und wurde dabei zunehmend antijudaistisch. (2)

Luthers Aussagen über die Juden

Schlagen wir den zeitlichen und geschichtlichen Bogen hin zu Martin Luther, so begegnet uns ausgerechnet in ihm ein Wegbereiter für die noch heute in der Gemeinde Jesu – Landeskirchen sowie Freikirchen – tief verankerte Ersatztheologie.

Anfänglich war Luthers Haltung gegenüber den Juden freundlich und zugewandt. Er widmete ihnen die Schrift: *„Dass Jesus Christus ein geborener Jude sei"*. Damit hoffte er, sie zu überzeugen, dass Jesus der Messias sei:

„Ich hoffe, wenn man mit den Juden freundlich handelt, und aus der Heiligen Schrift sie säuberlich unterweist, es sollten ihrer viele rechte Christen werden."

Er lehrte, dass bereits die Apostel mit den Heiden brüderlich umgegangen seien und die Christen nun auch ihrerseits an ihnen brüderlich handeln sollten, damit sich etliche bekehrten. Er nannte die Juden *„Blutsfreunde, Vettern und Brüder unseres Herrn"*. Man solle an ihnen das Gesetz christlicher Liebe üben und sie freundlich annehmen, damit sie die Lehre und das Leben der Christen kennenlernten. Mit Lehre meinte er die Auslegung der Bibel aus seiner reformatorischen Sicht.

Es wird deutlich, dass Luthers freundliche Haltung nicht in erster Linie seiner Liebe zum auserwählten Volk Gottes entsprang, sondern eher zweckgebunden war. Er wollte die Bekehrung der Juden, jedoch ganz nach seinem christlich reformatorischen Maßstab. Als ihm dies nicht gelang, veränderte sich seine Haltung gegenüber der jüdischen Bevölkerung im Land nach und nach. Als sich 1536 die Lage in Sachsen verschärfte, wies er Josel von Rosheim, den Sprecher der Juden ab, der sich an ihn mit der Bitte gewandt hatte, sich beim sächsischen Kurfürsten Johann Friedrich für die jüdischen Interessen einzusetzen. Seine Begründung lautete, er wolle die Juden durch seine Fürsprache nicht *„in ihrem Irrglauben"* unterstützen. [(3)]

1543 veröffentlichte Luther drei Schriften. Insbesondere in dem Traktat *„Von den Juden und ihren Lügen"* forderte er praktische Maßnahmen gegen sie. Er schrieb: Da die Juden mit Argumenten nicht zur Aufgabe ihrer *„Lügen und Lästerungen" zu bewegen seien, müsse man „mit Gebet und Gottesfurcht eine scharfe Barmherzigkeit üben, ob wir doch etliche aus den Flammen und Glut erretten können"*. Zur Umsetzung *„dieser scharfen Barmherzigkeit"* forderte der Reformator einen ganzen Katalog antijüdischer Maßnahmen:

Die Zerstörung der Synagogen:

„Erstlich, dass man ihre Synagoge oder Schule mit Feuer anstecke und was nicht verbrennen will, mit Erde überhäufe und beschütte, dass kein Mensch einen Stein oder Schlacke davon sehe ewiglich.

Und solches soll man tun, unserem Herrn und der Christenheit zu Ehren, damit Gott sehe, dass wir Christen seien und solch öffentliche Lügen, Fluchen und Lästern seines Sohnes und seiner Christen wissentlich nicht geduldet noch gewilligt haben ..."

Die Zerstörung ihrer Häuser

„Zum andern, dass man auch ihre Häuser desgleichen zerbreche und zerstöre ...

Dafür mag man sie etwa unter ein Dach oder Stall tun, wie die Zigeuner, auf dass sie wissen, sie seien nicht Herrn in unserm Lande, wie sie rühmen, sondern im Elend und gefangen ..."

Vernichtung jüdischer Schriften:

„Zum dritten, dass man ihnen nehme alle ihre Betbüchlein und Talmudisten, darin solche Abgötterei, Lügen und Fluch und Lästerung gelehret wird."

Lehrverbot für die Rabbiner:

„Zum vierten, dass man ihren Rabbinen bei Leib und Leben verbiete, hinfort zu lehren ...“

Die Verweigerung des Geleitschutzes:

„Zum fünften, dass man den Juden das Geleit und Straße ganz und gar aufhebe ...“

Wucherverbot:

„Zum sechsten, dass man ihnen den Wucher verbiete und nehme ihnen alle Barschaft und Kleinod an Silber und Gold und lege es beiseite zu verwahren ...“

Zwangsarbeit:

Zum siebten, dass man den jungen, starken Juden und Jüdinnen in die Hand gebe Flegel, Axt, Karst, Spaten, Rocken, Spindel und lasse sie ihr Brot verdienen im Schweiß der Nasen wie Adams Kinder, auferlegt ist, Genesis 3 ...“

Am besten aber sei es, so schrieb er, die Juden wie in Frankreich, Spanien, Böhmen und anderen Reichsstädten ganz aus dem Lande auszuweisen, denn:

„Ein solch verzweifelt, durchböstes, durchgiftet, durchteufelt Ding ist's um diese Juden, so diese 1400 Jahre unsere Plage, Pestilenz und alles Unglück gewesen und noch sind ...“

Am Ende seiner Schrift forderte Luther die Christen auf, sich theologisch gegen die Juden zu behaupten und zu begreifen, *„dass ihr Glaube nicht allein falsch, sondern sie gewiss mit allen Teufeln besessen sind.“*

Noch drei Tage vor seinem Tod, am 15. Februar 1546, erteilte Luther im Anschluss an seine Predigt eine ***„Vermahnung wider die Juden“***. Darin bezeichnet er die Juden als *„der Christen* *öffentliche Feinde"*, die von den Regierenden vertrieben werden sollten. Falls sie sich aber bekehren, *„so wollen wir sie gerne als unsere Brüder halten."* (4)

Die Nationalsozialisten

Luthers antijüdischer Maßnahmenkatalog diente den Nationalsozialisten perfekt als Vorlage für die Gräueltaten des Holocaust. Auch die „Deutschen Christen" konnten sich im Dritten Reich auf Luther berufen. Aus den *Richtlinien* der *Deutschen Christen* von 1932:

„Die Grundlinien des Volkstums kann keine menschliche Theorie festsetzen; sie sind durch die Allmacht Gottes festgelegt, der selbst die Rasse und ihre Arteigenschaften schuf und nicht will, dass sein Werk verwischt und verunreinigt werde. Darum ist Reinerhaltung der Rasse Gottesgebot und Christenpflicht und muss genau so gelehrt und gepredigt werden wie Reinigung des Körpers und der Seele.

Man komme hier nicht mit dem Einwand: Die Vermischung sei schon soweit fortgeschritten, dass die Grenzlinien unerkennbar seien. Gerade in dem unmöglichen Durcheinander von ***Deutschtum*** *und* ***Judentum*** *nach dem Kriege, das uns kulturell und sittlich völlig zu ruinieren droht, hat uns Gott den Blick geschärft.*

Die Rassenfrage ist unverkennbar deutsche Schicksalsfrage geworden, an der niemand vorübergehen kann, ***den Gottes Geist in alle Wahrheit führt.****"* (5) (Hervorh. d. d. Autor)

Die Deutschen Christen

Aus dem Berliner Beschluss der *Deutschen Christen* vom 13.11.1933:

„Wir fordern, dass eine deutsche Volkskirche Ernst macht mit der Verkündigung der von aller orientalischen Einstellung gereinigten schlichten Frohbotschaft und ***einer heldischen Jesus-Gestalt als Grundlage eines artgemäßen Christentums, in dem an die Stelle der zerbrochenen Knechtsseele der stolze Mensch tritt,*** *der sich als Gotteskind dem Göttlichen in sich und in seinem Volk verpflichtet fühlt.*

Wir bekennen, dass der einzige wirkliche Gottesdienst für uns der Dienst an unseren Volksgenossen ist, und fühlen uns als Kampfgemeinschaft von unserem Gott verpflichtet, mitzubauen an einer wehrhaften und wahrhaften völkischen Kirche, in der wir die Vollendung ***der deutschen Reformation Martin Luthers*** *erblicken und die allein dem Totalitätsanspruch des nationalsozialistischen Staates gerecht wird."* (Hervorh. d. d. Autor) (6)

Der wahre Judenfeind

Der Kampf um Israel ist ein geistlicher Kampf. Es geht um die endgültige Herrschaft Jesu bei seiner Wiederkunft:

- willkommen geheißen durch sein jüdisches Volk, in seinem Land Israel und in seiner Stadt Jerusalem (Matthäus 23,39)
- zum Gericht und Heil für die Welt
- zum Sturz Satans

Die Bibel berichtet, dass Satan (hebr. Gegner, Widersacher) in Rebellion gegen Gott getreten ist. Er will an Gottes Stelle sein.

> „Wie bist du vom Himmel gefallen, du Glanzstern, Sohn der Morgenröte! Wie bist du zu Boden geschmettert, Überwältiger der Nationen! Und du, du sagtest in deinem Herzen: „Zum Himmel will ich hinaufsteigen, hoch über den Sternen Gottes meinen Thron aufrichten und mich niedersetzen auf den Versammlungsberg im äußersten Norden. Ich will hinaufsteigen auf Wolkenhöhen, dem Höchsten mich gleichmachen." (Jesaja 14,12-14; Elberfelder)

Seit seinem Fall aus dem Himmel führt er Krieg gegen Gott. Er kennt die Schrift und weiß, dass – sobald Gottes Plan durch Israel in Existenz kommt –, sein Ende besiegelt ist.

Gott hat verheißen, dass sein Volk immer bestehen und aus ihm der Messias hervorgehen wird. Die Berufung Israels ist es, der Welt den Segen Gottes zu bringen. Der Retter der Welt kommt aus dem Volk Israel. Jesus wird Satan endgültig vernichten.

Die Strategie des Widersachers ist es, Gott als Lügner darzustellen. Unter anderem versucht er, durch falsche Theologie den Plan Gottes auf vielfältige Weise außer Kraft zu setzen.

Hier liegt auch die Ursache aller aktuellen Konflikte um Israel. Es ist ein geistlicher Kampf, der jetzt vor unseren Augen geschieht. Satan will die Voraussetzungen für die Wiederkunft Jesu zunichte machen.

1. Indem er das jüdische Volk verfolgt und auslöschen will.

> „Denn siehe, deine Feinde toben, und die dich hassen, erheben das Haupt. Gegen dein Volk planen sie listige Anschläge, und sie beraten sich gegen die, die bei dir geborgen sind. Sie sprechen: Kommt und lasst uns sie als Nation vertilgen, dass nicht mehr gedacht werde des Namens Israel!“ (Psalm 83,3-5; Elberfelder)

Dies ist der Grund für den Nahostkonflikt.

2. Indem er die Juden ihre Identität als verachtenswert und lästig empfinden lässt und sie sich assimilieren.

Die Jahrtausende währende Verachtung, Verfolgung und wiederholt geplante und durchgeführte Vernichtung des jüdischen Volkes (ägypt. Pharao, Haman / Buch Esther, Hitler), hat diese Menschen immer wieder dazu gebracht, sich ihrer jüdischen Identität zu entledigen und sich zu assimilieren. Sie wollten sein wie jedes andere Volk; ihre Erwählung wurde ihnen zum Fluch. Selbst durch chirurgische Eingriffe versuchten Männer, ihre Beschneidung loszuwerden. All dies ist menschlich nur allzu verständlich!

3. Indem er versucht zu verhindern, dass ganz Israel das Land der Juden und Jerusalem ihre Hauptstadt ist.

Satan weiß, dass Jesus bei seiner Wiederkunft seine Füße auf den Ölberg in Jerusalem setzen wird.

> „Und seine Füße werden an jenem Tag auf dem Ölberg stehen, der vor Jerusalem im Osten liegt; und der Ölberg wird sich von seiner Mitte aus nach Osten und nach Westen spalten zu einem sehr großen Tal, und die eine Hälfte des Berges wird nach Norden und seine andere Hälfte nach Süden weichen. Und ihr werdet in das Tal meiner Berge fliehen, und das Tal der Berge wird bis Azal reichen. Und ihr werdet fliehen, wie ihr vor dem Erdbeben geflohen seid in den Tagen Usijas, des Königs von Juda. Dann wird der HERR, mein Gott, kommen und alle Heiligen mit ihm. Und es wird geschehen an jenem Tag, da wird kein Licht sein, die prächtigen Gestirne ziehen sich zusammen. Dann wird es einen Tag lang – er ist dem HERRN bekannt – weder Tag noch Nacht werden; und es wird geschehen, zur Zeit des Abends, da wird Licht werden. Und es wird geschehen an jenem Tag, da wird lebendiges Wasser aus Jerusalem fließen, die eine Hälfte zum östlichen Meer und die andere Hälfte zum hinteren Meer; im Sommer wie im Winter wird es so geschehen. Und der HERR wird König sein über die ganze Erde; an jenem Tag wird der HERR einzig sein und sein Name einzig.“ (Sacharja 14,4-9; Elberfelder)

4. Indem er versucht, die Alijah – die Rückkehr der Juden aus aller Welt nach Israel – zu behindern. Die Rückkehr des jüdischen Volkes ist u. a. Voraussetzung für Jesu Wiederkunft.

5. Indem er versucht zu verhindern, dass ein an Jesus gläubiges Volk ihren Messias in Jerusalem willkommen heißt.

> „Denn ich sage euch: Ihr werdet mich von jetzt an nicht sehen, bis ihr sprecht: „Gepriesen sei, der da kommt im Namen des Herrn!“ (Matthäus 23,39; Elberfelder)

Aber wir wissen, Gottes Plan wird vollkommen erfüllt werden. Das verspricht sein Wort im Alten und Neuen Testament.

Das Neue Testament – ein jüdisches Buch [7]

Das **Neue Jüdische Testament** in der Übersetzung von David H. Stern trägt den Untertitel *Eine Übersetzung des Neuen Testaments, die seiner jüdischen Herkunft Rechnung trägt.* In der nachfolgenden Einleitung erläutert der Übersetzer die Bedeutung dieser Aussage so nachvollziehbar, dass ich sie hier wörtlich zitieren möchte:

Warum ein Jüdisches Neues Testament? *Inwiefern unterscheidet sich die vorliegende Übersetzung des Neuen Testaments von allen anderen Übersetzungen? Im „Jüdischen Neuen Testament" werden der jüdische Ursprung und das jüdische Wesen des Neuen Testaments deutlich, während fast alle anderen Übersetzungen – und es gibt Hunderte davon – uns die neutestamentliche Botschaft in einem Umfeld präsentieren, das im Blick auf Sprache, Kultur und Theologie heidenchristlich geprägt ist.*

Nicht, dass daran etwas falsch wäre! Das Evangelium kommt zwar vom Judentum her, richtet sich aber nicht nur an Juden, sondern genauso an Heiden. Das wird im Neuen Testament selbst unmissverständlich klar. [8] *Es ist deshalb durchaus angemessen, seine Botschaft Nicht-Juden auf eine Weise zu vermitteln, die es ihnen soweit als möglich erspart, sich auf die Eigenheiten einer ihnen fremden Kultur einzustellen.* [9] *Immerhin war diese Strategie äußerst erfolgreich, haben doch Millionen von Heiden zum Glauben an den Gott Avrahams, Jizchaks und Ja-akovs und an den jüdischen Messias, Jeschua, gefunden* [10]

Das Neue Testament als jüdisches Buch. *Dennoch ist es an der Zeit, sich auf die jüdischen Wurzeln des Neuen Testaments zu* *besinnen. Denn das Neue Testament ist im Grunde ein jüdisches Buch – von Juden geschrieben, handelt es überwiegend von Juden und richtet sich ebensosehr an Juden wie an Heiden. Zwar ist es durchaus vertretbar, ein jüdisches Buch um der leichteren Zugänglichkeit willen einer nicht-jüdischen Leserschaft anzupassen, doch sollte das nicht auf Kosten des dem Text zugrundeliegenden jüdischen Denkens geschehen. Auf dieses genuin jüdische Denken verweist das hier vorliegende „Jüdische Neue Testament“ bereits in seinem Titel, der wie die Bezeichnung „Juden für Jesus“ zwei Vorstellungen vereint, die manchen Menschen völlig unvereinbar erscheinen und die sie lieber auseinanderhalten würden.*

Dabei darf es eine solche Trennung eigentlich gar nicht geben. Die Hauptfigur des Neuen Testaments, Jeschua der Messias, war ein Jude, der in eine jüdische Familie in Beth-Lechem hineingeboren wurde, unter Juden in Nazaret aufwuchs, unter Juden am Galil wirkte und schließlich in der jüdischen Hauptstadt Jeruschalajim starb und aus seinem Grab auferstand – das alles in Erez Jisrael, dem Land das Gott dem jüdischen Volk gegeben hatte. Jeschua ist noch immer Jude – er lebt ja –, und die Schrift macht an keiner Stelle auch nur eine Andeutung, daß er nicht mehr Jude wäre. Seine zwölf engsten Anhänger waren Juden. Jahrelang waren seine Talmidim ausschließlich Juden und zählten allein in Jerusalem „Zehntausende“ (11) Das Neue Testament selbst stammt aus der Feder von Juden (Lukas war aller Wahrscheinlichkeit nach ein Proselyt); und seine Botschaft gilt dem „Juden im besonderen, doch ebenso dem Heiden“. (12) Es waren Juden, die Nicht-Juden das Evangelium brachten – nicht andersherum. Scha-ul *, der wichtigste Gesandte an die Heiden, war sein Leben lang ein gesetzestreuer Jude, wie aus der Apostelgeschichte hervorgeht. (13) Tatsächlich war die Hauptfrage, die die frühen messianischen Gemeinden (die „Kirche“) beschäftigte, nicht, ob ein Jude an Jeschua glauben,* *sondern ob ein Heide Christ werden könne, ohne zum Judentum überzutreten.* (14)

Die stellvertretende Versöhnung des Messias hat ihre Wurzel im jüdischen Opfersystem. (15)

Das Herrenmahl geht auf das jüdische Passafest zurück. Die Eintauchung (Taufe) ist eine jüdische Einrichtung. Nicht umsonst hat Jeschua gesagt. „Die Rettung geht von den Juden aus." (16) *Der Neue Bund selbst wurde ja von dem jüdischen Propheten Jeremia verheißen.* (17)

Die Messiasvorstellung überhaupt ist ein ausschließlich jüdischer Gedanke. Das Neue Testament vervollständigt im Grunde genommen die Tenach, die hebräische Heilige Schrift, die Gott dem jüdischen Volk gab, und zwar in einer Weise, daß das Neue Testament ohne das Alte ebenso undenkbar ist, wie das zweite Stockwerk eines Hauses ohne das erste, während umgekehrt das Alte Testament ohne das Neue ebenso unvollendet bleibt wie ein Haus ohne Dach. Vieles, was im Neuen Testament steht, ist überhaupt nicht zu verstehen, wenn man es aus seinem jüdischen Kontext herausreißt. Ich möchte dafür nur ein Beispiel von vielen anführen. (18) *Jeschua sagt in der Bergpredigt* (19) *wörtlich: „Wenn Du ein ‚böses Auge' hast, wird dein ganzer Leib voller Finsternis sein."* (20) *Was aber ist ein böses Auge? Jemand, dem der jüdische Hintergrund fremd ist, denkt möglicherweise, Jeschua spräche hier vom „bösen Blick". Im Hebräischen jedoch bedeutet 'ajin ra'ah, ein böses Auge haben, geizig sein; und ein 'ajin tovah, ein gutes Auge, ist gleichbedeutend mit Großzügigkeit. Jeschua fordert die Menschen hier also einfach zur Freigebigkeit auf. Und so passt es dann auch in den Kontext: „Denn wo deine Reichtümer sind, da wird auch dein Herz sein ... Ihr könnt nicht ein Sklave Gottes und ein Sklave des Geldes sein."* (21)

Der beste Beleg für die jüdische Herkunft des Neuen Testamentes jedoch ist zugleich auch der überzeugendste Beweis für seine Wahrheit: Die Zahl der Prophezeiungen aus der Tenach – allesamt mehrere hundert Jahre vor den Geschehnissen des Neuen Testamentes ausgesprochen – die erfüllt sind in der Person des Jeschua von Nazaret. Die Wahrscheinlichkeit, dass jemand Dutzende prophetischer Vorhersagen rein zufällig erfüllen kann, ist in der Tat verschwindend klein. Kein anderer Anwärter auf den Messiastitel, wie etwa Schim-on-Bar-Kochwa (22) oder Schabtai-Zvi (23) hat denn auch nur einige wenige der alttestamentlichen Verheißungen erfüllt. Jeschua aber erfüllte sämtliche Prophezeiungen, die bei seinem ersten Kommen wahr werden sollten (in Abschnitt VII. sind zweiundfünfzig aufgelistet). Die übrigen wird er erfüllen, wenn er wiederkommt in Herrlichkeit.

Das Ziel des „Jüdischen Neuen Testamentes" ist es also, die jüdischen Wurzeln des Neuen Testamentes in Erinnerung zu rufen und sichtbar zu machen. Es soll dem Leser in Fleisch und Blut übergehen, daß das Neue Testament ein jüdisches Buch ist.

Doch noch auf drei weiteren Gebieten soll das „Jüdische Neue Testament" zur Tikkun Ha Olam („der Wiederherstellung der Welt") beitragen: im Blick auf den christlichen Antisemitismus, die jüdische Ablehnung des Evangeliums und die Kluft zwischen christlicher Kirche und jüdischem Volk.

Christlicher Anitsemitismus. *Erstens: Der Teufelskreis des christlichen Antisemitismus stützt sich auf das Neue Testament. Dabei lassen sich im Neuen Testament selbst keinerlei antisemitische Tendenzen feststellen. Dennoch hat der Antisemitismus das Neue Testament seit der Frühzeit der Kirche dazu missbraucht, sich selbst zu rechtfertigen und die christliche Theologie zu infiltrieren. Die Übersetzer des Neuen Testamentes haben, auch wenn sie selbst nicht antisemitisch gesinnt waren, die antisemitische Theologie aufgenommen und damit letztlich anti-jüdische Übersetzungen verfaßt. Die Leser dieser Übersetzungen wiederum übernehmen diese antijüdischen und dem Judentum fremden Einstellungen. Und manche dieser Leser* *schließlich werden Theologen, die den antisemitischen Charakter der christlichen Theologie (dessen sie sich möglicherweise nicht einmal bewusst sind) fortentwickeln und vertiefen; andere werden gar explizite Antisemiten, die die Juden verfolgen, und das noch in dem Glauben, sie dienten Gott auf diese Weise. Es ist unbedingt erforderlich, daß dieser Teufelskreis endlich aufgebrochen wird. Und genau dies ist auch das Anliegen des „Jüdischen Neuen Testamentes", das mit den jahrhundertealten antisemitischen theologischen Vorurteilen aufräumen und die jüdischen Elemente des Neuen Testamentes auf positive Weise herausarbeiten will.*

Gottes Frage an uns

Üblicherweise deutet in unseren Gemeinden heute nichts darauf hin, dass wir die eingepfropften Zweige eines jüdischen Ölbaums sind. Es ist in keiner Weise erkennbar, dass unser Glaube an Jesus Christus jüdischen Ursprungs ist oder dass dies für uns irgendeine Bedeutung hätte. Mit anderen Worten ausgedrückt: Der jüdische „Stallgeruch“ ist nicht vorhanden.

Durch vielfältige Strategien ist es Satan gelungen, dass wir heute meist weder die Wurzel des Baumes kennen, zu dem wir gehören, geschweige denn unsere Früchte den typischen Herkunftsgeschmack aufweisen. Ein Bild aus der Ernährungswissenschaft macht dies deutlich:

Kleiner Exkurs:

Durch unser geschärftes Bewusstsein für gesunde Ernährung wissen wir heute, dass natives, also kaltgepresstes Pflanzenöl der ersten Pressung, besonders reich an fettlöslichen Vitaminen und hochungesättigten Fettsäuren ist. Dieses Öl besitzt den fruchttypischen Charakter und ist für die körperliche Gesundheit von hohem Nutzen.

Der meist recht dominante Geschmack dieses Öls ist kulinarisch nicht immer erwünscht. Neben diesem für den Menschen gesundheitlich wertvollen Öl gibt es noch zahlreiche herkömmliche Haushaltsöle. Diese weisen zwar in ihrem Namen noch auf ihre jeweilige Abstammungsfrucht hin, sind geschmacklich jedoch keiner Sorte mehr zuzuordnen.

Diese Öle wurden durch das sog. Extraktionsverfahren gewonnen. Nach der Kaltpressung ist noch Fett in den Samen bzw. Früchten enthalten. Deshalb werden diese auf 70-80° erwärmt, danach wird das Fett durch Leichtbenzin herausgelöst. Das Lösungsmittel wird anschließend wieder abdestilliert. Bei diesem Extraktionsverfahren wird die Zusammensetzung der Fette aufgrund der höheren Temperaturen verändert. Außerdem enthalten sie Fruchtrückstände und Schleimstoffe.

Diese Rohfette bzw. Rohöle müssen vor der Weiterverarbeitung raffiniert werden:

1. Entschleimung: Eiweißstoffe, Kohlenhydrate und Lipoide werden entfernt.
2. Entsäuerung: Die freien Fettsäuren werden neutralisiert.
3. Bleichung: Die natürlichen Farbstoffe werden entfernt.
4. Desodorierung: Unerwünschte Geschmacks- und Geruchsstoffe werden beseitigt.

Durch diese Vorgänge erhält man kristallklare, neutral schmeckende Öle oder weiche Fette; die Vitamine werden dabei weitgehend zerstört.

Dieses chemische Neutralisierungsverfahren findet seine Entsprechung in geradezu grotesker Weise in den Anstrengungen der Deutschen Christen unter nationalsozialistischer Herrschaft.

Das Entjudungsinstitut Eisenach (24)

Anfang 1938 gründeten deutschchristliche Kirchenführer zur Durchsetzung ihrer Richtlinien auf der Wartburg einen akademischen *Bund für deutsches Christentum*. Dabei wurde auch über die Gründung eines Instituts zur „Entjudung der Kirche“ beraten.

Das Institut wurde am 4. April 1939 auf Betreiben maßgeblicher Kreise der „Deutschen Christen“ durch 11 evangelische Landeskirchen in Eisenach gegründet.

Das Institut veranstaltete in den Jahren 1940-42 in Wittenberg, Eisenach und Nürnberg drei Arbeitstagungen mit bis zu 600 Teilnehmern.

Einige Arbeitskreise legten die Ergebnisse ihrer Arbeit in der Form praktischer Arbeitsmittel vor, die in den Kirchgemeinden der beteiligten Landeskirchen das religiöse Leben im Sinne des kirchlichen Antijudaismus und völkischen Antisemitismus prägen sollten:

- Der Arbeitskreis „Volkstestament“ brachte 1941 ein „entjudetes“ Neues Testament unter dem Titel Die *Botschaft Gottes* heraus, in dem die Bezüge und Zitate aus dem Alten Testamente getilgt waren. Die poetische Endfassung stammte dabei von Lulu von Strauß und Torney.
- Der Arbeitskreis „Glaubensbuch“ veröffentlichte im gleichen Jahr einen „judenreinen“ Katechismus für Schule und kirchlichen Unterricht unter dem Titel *Deutsche mit Gott*.
- Der Arbeitskreis „Gesangbuch“ empfahl 1941 das von der „Nationalkirchlichen Einung Deutscher Christen“ herausgegebene Gesangbuch *Großer Gott wir loben dich* zur Erprobung und Nutzung in den Kirchen.
- In Planung war auch ein „Lebensbegleitbuch“ unter dem Titel *Der Ruf des Lebens*.

Das am 6. Mai 1939 in einem feierlichen Festakt eingeweihte kirchliche „Entjudungsinstitut“ im evangelischen Predigerseminar Thüringen – Eisenach, diente zur Erforschung und Beseitigung des jüdischen Einflusses auf das deutsche kirchliche Leben.

Man mag es kaum glauben, aber das klare Ziel war: Jesus sollte entjudet werden! Dieser Versuch trieb groteske Blüten. Jesus sollte als blonder Berggaliläer in einem judenreinen Neuen Testament erscheinen.

Solch ein Ansinnen ist für uns heute absurd, aber wir sollten uns fragen, was wir dem allem aktuell entgegensetzen?

Was antworten wir, wenn Gott uns heute fragt: „Wo ist euer älterer Bruder Israel, mein erstgeborener Sohn? Wo finde ich ihn in euren Gemeindeprogrammen, Lehrveranstaltungen, Visionen, Gottesdiensten, Gebetstreffen etc.?“ Antworten wir dann wie Kain: ***„Ich weiß es nicht. Bin ich denn der Hüter meines Bruders?“*** (1. Mose 4,9; Zürcher)

Was hindert uns im Leib Christi so hartnäckig daran, uns mit der Bedeutung Israels aus Gottes Sicht zu befassen? Normal wäre es, unser Gemeindeleben im Bewusstsein unserer Herkunft (Römer 11,18) zu leben und zu gestalteten. Warum wiederholt sich landauf, landab unter Christen immer wieder dasselbe, sobald das Gespräch auf Israel kommt? Plötzlich schrillen alle Alarmglocken. Beinahe jeder scheint gravierend negative, oder gar abschreckende Erfahrungen mit sogenannten „Israel-Freaks“ gemacht zu haben. Dies scheint Legitimation genug, sich mit diesem Thema in Zukunft nie wieder beschäftigen zu müssen. Könnte es nicht auch umgekehrt sein, dass diejenigen, denen Gott seine Liebe zu seinem auserwählten Volk offenbart hat, immer wieder eine solch schroffe Ablehnung erfahren, dass sie versuchen, durch stärkere Betonung auf die Dringlichkeit dieses Themas aufmerksam zu machen? Warum ist es Gott so wichtig, dass die Gemeinde, gerade die Gemeinde in Deutschland, dies versteht? Ich denke dafür gibt es mehrere Gründe.

I. Wir müssen erkennen, dass Gott sich seine Berufungen nicht gereuen lässt.

> „Gottes Gaben und Berufungen können ihn nicht gereuen.“
> (Römer 11,29; Luther 1984)

Er hält, was er zugesagt hat. Wir nehmen das als Christen zu Recht für uns in Anspruch. Sobald es jedoch um Israel geht, lassen wir Zweifel zu. Unzählige Male ist im Alten Testament von der ewigen Treue Gottes zu seinem auserwählten Volk die Rede.

Abraham empfing die Verheißung des ewigen Landbesitzes und des gewaltigen Segens, der von ihm aus auf alle Geschlechter der Erde kommen werde (1. Mose 13,15-16; 12,3; 22,18 u. 28,14). An keiner Stelle der Schrift hat Gott seine Zusagen revidiert.

Der Herr lässt uns durch Israel seine unfassbare Liebe und Treue erkennen, die allen gilt, die seinem Wort glauben. Welch einen Trost finden wir in der Geschichte Israels! Trotz seiner ständig wiederkehrenden Untreue, wendet Gott sich ihm immer wieder in Liebe und Gnade zu.

> „Wie könnte ich dich preisgeben, Ephraim, dich ausliefern, Israel. Wie könnte ich dich preisgeben gleich Adma, dich machen wie Zeboim? Mein Herz kehrt sich um in mir, all mein Mitleid ist entbrannt. Ich will meinen glühenden Zorn nicht vollstrecken, will Ephraim nicht wieder verderben. Denn Gott bin ich, nicht ein Mensch, heilig in deiner Mitte, doch nicht ein Vertilger." (Hosea, 11,8-9; Zürcher)

II. Der zweite Grund liegt in der sehr speziellen jüngeren Geschichte, durch die unser Volk in unfassbarer Weise an den Juden schuldig geworden ist.

Unvermindert anhaltend sind die Diskussionen unter uns Christen in Deutschland, ob unter dieses Kapitel nicht endlich ein Schlussstrich gezogen werden könne.

Die einen sind der Überzeugung, es sei genug Buße getan worden und dieses Thema sei jetzt endgültig ad acta zu legen. Die anderen reagieren darauf mit einem Aufschrei und verweisen auf die noch immer unbenannte und unaufgearbeitete Schuld in zahlreichen deutschen Familien. Oder sie erwähnen das bis heute anhaltende Schweigen vieler Kirchengemeinden in Bezug auf deren antisemitisches Verhalten während des Dritten Reichs.

Ich denke, beide Sichtweisen haben ihre Berechtigung. Sicherlich hat Gott die unzähligen Bußgebete der treuen Fürbitter unseres Landes erhört, die sich nach dem Vorbild Daniels (Daniel 9,4-19) in den letzten Jahrzehnten immer wieder unter die Schuld unseres Volkes gebeugt und unter Flehen um Gnade für unser Volk gebetet haben. Viel ist in unserem Land auch von politischer, öffentlicher und wirtschaftlicher Seite aufgearbeitet worden und Holocaustüberlebende und deren Nachkommen wurden um Vergebung gebeten. In Schulen wird das Thema der Naziverbrechen in vielfältiger Weise behandelt und die Medien, allen voran das Fernsehen, greift dieses düstere Kapitel deutscher Geschichte immer wieder in allen nur denkbaren Formen der Dokumentation und Verfilmung auf. Dies alles ist gut und gibt Anlass zum Dank. Ich bin zutiefst überzeugt, dass keine Bitte um Vergebung bei Gott unerhört geblieben ist. Er, der die Herzen kennt, weiß wie ernstlich all diese Bußgebete vor ihn gebracht wurden, und keines von ihnen ist verloren.

Es gibt jedoch noch eine andere Seite. Die schwerst traumatisierten Überlebenden des Holocaust haben nach Ende der Schoa (hebr. für Holocaust), auf jede erdenkliche Weise versucht, ihr Leben in den Griff zu bekommen. Sie wollten endlich ein normales Leben führen und konnten von dem Unaussprechlichen, das ihnen widerfahren war, nicht erzählen. Sie waren in ihrer Traumatisierung erstarrt, nur nachts, in ihren Träumen, wurden die grauenhaften Erlebnisse wie eine anhaltende Folter wieder lebendig. Ihre nächtlichen Schreie waren oft der einzige Laut, durch den sich ihre gequälte Seele zu dem Grauen bekannte. Ihre Kinder spürten intuitiv das schwere Leid der Eltern und wagten nicht nach dem Grund zu fragen. Am Tage kämpften diese Menschen um eine Lebensnormalität, in der ihre entsetzliche Vergangenheit keine Existenzberechtigung haben durfte. Eine Decke des Schweigens breitete sich über den Generationen aus. Heute ist bekannt, dass auch die Enkel- und Urenkelgeneration weiterhin unter den Folgen all dessen leidet.

Es sollte uns Christen in Deutschland nicht darum gehen, uns zu verteidigen, wenn wir mit dieser Realität konfrontiert werden. Vielmehr sollten wir als von Gott Begnadigte beginnen, das in unserer Macht stehende zu tun, damit schmerzende Wunden geschlossen und immer noch fortwirkende Traumata geheilt werden können. Auf diese Weise wird Versöhnung möglich. Buße tun heißt ja nicht allein, Schuld zu bekennen, sondern von einer falschen Haltung radikal umzukehren.

> „So bringt nun Früchte, die der Buße würdig sind!“ (Lukas 3,8; Schlachter 2000)

> „Wenn dann mein Volk, über dem mein Namen genannt ist, sich demütigt, und sie beten und suchen mein Angesicht und wenden sich ab von ihren bösen Wegen, werde ich es vom Himmel her hören und ihre Sünde vergeben und ihr Land heilen.“ (2. Chronik 7,14; Zürcher)

Wie sehr wünschen wir uns geistliche Heilung für Deutschland. Wie lange schon beten wir um Erweckung in großem Maße. Könnte es sein, dass Gott darauf wartet, dass wir uns unserem älteren Bruder in der Weise zuwenden, wie nur wir es als eingepfropfte Zweige können? Wir haben als Miterben nicht nur das Recht, vollen Anteil zu haben an der Gnade des neuen Bundes, sondern auch die Verpflichtung, den zuerst Erbberechtigten zu lieben, zu ehren und von ihm zu lernen.

Nicht genug, dass es dem Feind gelungen ist, unser Volk zum Mörder des Augapfels Gottes zu machen, sondern die Gemeinde der Gläubigen in unserem Land verhält sich ihm gegenüber in der Regel wenn nicht ablehnend, so doch gleichgültig.

> „Als aber die Weingärtner den Sohn sahen, sprachen sie untereinander: Dieser ist der Erbe. Kommt, lasst uns ihn töten und sein Erbe in Besitz nehmen!“ (Matthäus 21,38; Elberfelder)

Der Tötungsplan ist missglückt, wie aber sieht es mit der Inbesitznahme des Erbes aus?

Paulus nennt die Erbfolge sehr klar.

> „Denn ich schäme mich des Evangeliums von Christus nicht; denn es ist Gottes Kraft zur Errettung für jeden, der glaubt, zuerst für den Juden, dann auch für den Griechen.“ (Römer 1,16; Schlachter 2000)

> „Drangsal und Angst über jede Menschenseele, die das Böse vollbringt, zuerst über den Juden, dann auch über den Griechen.“ (Römer 2,9; Schlachter 2000)

> „Herrlichkeit aber und Ehre und Friede jedem, der das Gute tut, zuerst dem Juden, dann auch dem Griechen.“ (Römer 2,10; Schlachter 2000)

Sollten wir uns nicht aus Dankbarkeit unserem älteren Bruder zuwenden und ihm zu verstehen geben, dass wir die Erbfolge anerkennen?

In Jesaja 49,26 und Hesekiel 35 + 36 spricht Gott Gericht über diejenigen, die Israel seines Erbes berauben wollten. Wir leben heute Gott sei Dank unter der Gnade des Neuen Bundes, aber das Gesetz von Saat und Ernte hat Gott nie außer Kraft gesetzt.

> „Irret euch nicht! Gott lässt sich nicht spotten. Denn was der Mensch sät, das wird er ernten.“ (Galater 6,7; Luther 1984)

Nachdem in Nazi-Deutschland deutsches Heil an die Stelle von Gottes Heil gesetzt wurde, sollte die Gemeinde Jesu in unserem Land heute stattdessen bekennen: ***Das Heil kommt von den Juden.*** (Johannes 4,22; Zürcher.) ***Die Rettung geht von den Juden aus.*** (Das Jüdische NT)

In der persönlichen Seelsorge ist es gängige Praxis, sich von dem negativen Erbe der Vorfahren zu lösen, indem man stellvertretend Schuld bekennt, um Vergebung bittet und sich lossagt von den Auswirkungen antigöttlichen Handelns. Wir wissen, dass dann der Segen Gottes ungehindert fließen kann. Für die Gemeinde gilt dasselbe. Gott ist es wichtig, dass Herzenshaltungen offenbar gemacht werden und Sinnesänderung bekannt wird. Petrus musste, nachdem er Jesus dreimal verleugnet hatte, seine Liebe dreimal bekennen:

> „Er spricht zum dritten Mal zu ihm: Simon, Sohn des Johannes, hast du mich lieb? Petrus wurde traurig, dass er zum dritten Mal zu ihm sagte: Hast du mich lieb?, und sprach zu ihm: Herr, du weißt alles; du erkennst, dass ich dich lieb habe." (Johannes 21,17; Elberfelder)

Jesus wusste, dass dieses dreimalige Bekenntnis für Petrus wichtig war. Es brachte ihm Heilung seines von sich selbst zutiefst enttäuschten Herzens.

In 1. Mose 32,28 wurde Jakob von Gott gefragt: „Wie heißt du?" Er antwortete: „Jakob" – das heißt Betrüger. Er musste es mit seinem eigenen Mund bekennen und bekam dann einen neuen Namen: Israel – das heißt Gotteskämpfer. Daraufhin konnte Jakob seinem Bruder Esau, den er um das Erstgeburtsrecht betrogen hatte, begegnen. Gott sagt in 1. Mose 12,3:

> „Segnen will ich, die dich segnen, und wer dir flucht, den will ich verfluchen; und mit deinem Namen werden sich Segen wünschen alle Geschlechter der Erde." (Zürcher)

In Nehemia 8,15 finden wir eine Vorschattung auf die Beschaffenheit des edlen Ölbaums, wie wir ihn aus Römer 11,17-24 kennen. Nachdem Nehemia die Stadtmauer Jerusalems in 52

Tagen wieder hatte aufbauen lassen, trat Esra mit dem Gesetzbuch des Mose vor das einmütig versammelte Volk. Abschnitt für Abschnitt las man aus dem Buch des Gesetzes Gottes und erläuterte es, sodass die Leute dessen Inhalt verstanden.

> „Und sie fanden im Gesetz, das der Herr durch Mose gegeben hatte, geschrieben, dass die Israeliten an dem Feste im siebenten Monat in Laubhütten wohnen sollten und dass man in allen ihren Städten und zu Jerusalem kundtun und ausrufen solle: Zieht hinaus ins Gebirge und holt Zweige vom edlen und vom wilden Ölbaum, von Myrten, Palmen und anderen dichtbelaubten Bäumen, dass man Laubhütten mache, wie geschrieben steht." (Nehemia 8,14-15; Zürcher)

Das Laubhüttenfest ist das einzige von Gott angeordnete Fest, das erst nach der Wiederkunft Jesu zur vollständigen Erfüllung kommen wird. Es ist ein Erntefest.

> „Am fünfzehnten Tag jedoch des siebenten Monats, wenn ihr den Ertrag eures Landes einsammelt, sollt ihr das Fest des Herrn feiern, sieben Tage lang." (3. Mose 23,39; Zürcher)

Nach Jesu Wiederkunft wird die große Ernte eingesammelt. Dann werden wir gemeinsam mit Jesus und unserem älteren Bruder Israel das Laubhüttenfest feiern: der edle Ölbaum mit uns, seinen eingepfropften wilden Zweigen.

Gott ruft die Gemeinde

In unserer Zeit treten die Gegensätze zwischen Licht und Finsternis immer gravierender hervor. Beinahe täglich sind wir aufgefordert, uns als Christen deutlich erkennbar gegen den Zeitgeist zu positionieren, indem wir an biblischen Maßstäben festhalten, diese klar äußern und entsprechend handeln.

Schwester Joela von der Ev. Marienschwesternschaft in Darmstadt schreibt in einer ihrer aktuellen Veröffentlichungen, dass Satan heute in Europa ein zweischneidiges Schwert benutzt. Die eine Seite ist gegen Israel und die andere Seite gegen Ehen und Familien gerichtet. Was können wir tun?

Ich denke, der erste Schritt ist, Gott zu erlauben, unsere Herzen zu berühren. Im Neuen Testament lesen wir sehr oft im Zusammenhang mit den Wundern, die Jesus tat, dass er im Innersten bewegt war. Er ist nicht einfach nur in göttlicher Vollmacht gegen Krankheit oder Dämonen vorgegangen, sondern war zuerst im Herzen von dem Leid berührt, das Satan den Menschen zugefügt hatte.

Gleichgültigkeit hat etwas Tödliches. Sie beinhaltet Erstarrung und Stumpfheit. Die menschliche Seele schützt sich, indem sie sich abwendet von Grauen und Unerträglichem – einfach wegsieht und weghört. Durch eine hinzukommende Verteidigungshaltung ist der Zugang zu unserem Innersten blockiert. Appelle erreichen unser Herz nicht. Einzig und allein die Liebe Gottes ist in der Lage, unser Herz weich, sensibel und berührbar zu machen. Gott zwingt uns jedoch nichts auf. Wenn wir ihn bitten, unser Herz mit dem zu berühren, was sein Herz berührt, wird er uns Anteil geben an seinem Herzen und Offenbarung kann geschehen.

Welche konkreten Schritte kann die Gemeinde Jesu unternehmen?

Durch Gottes unbegreifliche Gnade gibt es überall in Deutschland inzwischen wieder neu aufblühendes jüdisches Leben. In Hamburg, der Stadt in der ich lebe, findet man in einer der hier meistgelesenen Tageszeitungen häufig Berichte und Dokumentationen über diese Entwicklung. Für mich ist das Teil der Heilung und Wiederherstellung, die Gott unserem Land schenkt. Landauf, landab finden wir neben der traditionellen jüdischen Gemeinde auch messianische Gemeinden – Juden, die an Jesus als ihren Messias glauben. Sie sind echte Glaubensgeschwister, unterscheiden sich in ihrem Glauben an das Evangelium in keiner Weise von anderen Mitchristen. Aber, wissen wir etwas über sie? Ist uns bekannt, wo sich beispielsweise in unserer Stadt solche Geschwister versammeln? Suchen wir die Gemeinschaft mit ihnen? Laden wir sie ein zu unseren überkonfessionellen Gottesdiensten, in denen wir so sehr die Einheit untereinander demonstrieren? Diesen Fragen müssen wir uns stellen.

Der letzte Evangelische Kirchentag, der 2013 in Hamburg stattfand, dokumentierte genau das Gegenteil. Messianische Gemeinden waren von offizieller Seite nicht zugelassen. Nicht an Jesus gläubige Juden waren hingegen willkommen. Diese Realität wurde von vielen, einschließlich wiedergeborener Christen, kommentarlos hingenommen, was einer Zustimmung gleichkam. Die Evangelische Kirche gab durch ihre Sprecherin in Idea-Spektrum u. a. mangelnde Dialogfähigkeit der messianischen Leiter als Begründung des Ausschlusses an.

Ganz abgesehen von der tiefen Verletzung, die wir unseren messianisch-jüdischen Geschwistern zugefügt haben, wird erneut die enorme Blindheit des Leibes Christi offensichtlich. Sie hat zur Folge, dass Gottes wunderbares Handeln – die Erfüllung Seines Wortes vor unseren Augen – unerkannt bleibt.

„Denn so spricht der HERR der Heerscharen, nachdem die Herrlichkeit mich ausgesandt hat, über die Nationen, die euch geplündert haben – denn wer euch antastet, tastet seinen [eigenen*] Augapfel an. (Sacharja 2,12; Elberfelder. * Anm. d. Verf.: Die Elberfelder schreibt im Kontextmenü der Onlineversion unter www.bibleserver.com zu „Augapfel“: So spricht der HERR der Heerscharen – mit Herrlichkeit hat er mich zu den Nationen gesandt, die euch geplündert haben –: Ja, wer euch antastet, tastet seinen eigenen Augapfel an!)

Meist wird dieses Wort nach der Übersetzung Luthers zitiert: ***Wer euch antastet, tastet meinen [Gottes*] Augapfel an.*** Dies ist jedoch anderen Übersetzungen zufolge, einschließlich der jüdischen, nicht korrekt. Gott bringt hier klar zum Ausdruck, dass die Folge des Unrechts, das die Nationen an Israel begangen haben, zum eigenen Schaden führt. Unser Augapfel ist hochsensibel. Jede unvorsichtige Berührung ist äußerst schmerzhaft und kann zu vorübergehender Sehbeeinträchtigung (Blindheit) führen. Auf den Leib Christi trifft das in tragischer Weise zu.

Die Erklärung der Württembergischen Evangelischen Landessynode zum Verhältnis von Juden und Christen vom 6. April 2000, bringt dies unter *2. Israelvergessenheit als Schuld der Kirche* auf den Punkt (siehe Anhang).

In 5. Mose 32,10 bezeichnet Gott Israel tatsächlich als seinen eigenen Augapfel:

„Er umgab ihn, gab acht auf ihn, er behütete ihn wie seinen Augapfel.“ (Elberfelder)

Diese Aussage verstärkt die Bedeutung, die Gott Israel beigemessen hat, in höchstem Maße. Der Welt bleibt die Tragweite dieser Bedeutung verborgen, aber der Leib Christi *muss* dies hören und verstehen!

Wir sollten uns freuen zu erleben, wie Gottes auserwähltes Volk seinen Messias erkennt und ihm in vollem Bewusstsein seiner jüdischen Identität nachfolgt. Hier ist ein Stück der Herrlichkeit Gottes zur Vollendung gekommen!

Die Gemeinde Jesu muss sich den Vorwurf des Stolzes und der Ignoranz gefallen lassen, wenn sie meint, die messianisch-jüdischen Geschwister hätten ihr nichts zu geben, wären ihr in nichts voraus. Diese Haltung entspringt z. T. der Unkenntnis, dass es ein hebräisches Denken (Verständnis) gibt, das sich oft wesentlich von dem für uns gewohnten griechischen Denken (Verständnis) unterscheidet. Der zuvor zitierte Auszug aus dem Neuen Jüdischen Testament macht dies sehr deutlich. Wer könnte Jesus besser kennen als diejenigen, die in der jüdischen Tradition zu Hause sind? Wer könnte ihn genauer verstehen, wenn er auf Worte des Alten Testaments Bezug nimmt?

Wir sollten uns den kostbaren Reichtum des tieferen Verständnisses der Heiligen Schrift, der sich uns durch die Gemeinschaft mit unseren messianischen Brüdern und Schwestern bietet, nicht durch Stolz entgehen lassen.

Die große Verantwortung der Gemeinde

Diese Erkenntnis muss dem gesamten Leib Christi offenbar werden und Konsequenzen müssen folgen. Erkenntnis, die nicht in die Tat umgesetzt wird, bleibt fruchtlos. Buße, die nicht zur Umkehr (Sinnesänderung) und der sich daraus ergebenden Handlung führt, ist ohne Wert.

Paulus macht in seinem Brief an die Römer (Heidenchristen) sehr deutlich, wem bzw. welchem Entschluss Gottes wir unsere Errettung zu verdanken haben. Sie steht in unmittelbarem Zusammenhang mit der von Gott gewirkten, temporären und teilweisen Verstockung Israels. Danach aber gelangt es zur vollkommenen Erfüllung seiner Erwählung.

> „Denn ich will nicht, Brüder, dass euch dieses Geheimnis unbekannt sei, damit ihr nicht euch selbst für klug haltet: Verstockung ist Israel zum Teil widerfahren, bis die Vollzahl der Nationen hineingekommen sein wird; und so wird ganz Israel gerettet werden, wie geschrieben steht: „Es wird aus Zion der Retter kommen, er wird die Gottlosigkeiten von Jakob abwenden; und dies ist für sie der Bund von mir, wenn ich ihre Sünden wegnehmen werde." Hinsichtlich des Evangeliums sind sie zwar Feinde um euretwillen, hinsichtlich der Auswahl aber Geliebte um der Väter willen. Denn die Gnadengaben und die Berufung Gottes sind unbereubar. Denn wie ihr einst Gott nicht gehorcht habt, jetzt aber Erbarmen gefunden habt infolge ihres Ungehorsams, so sind jetzt auch sie dem euch geschenkten Erbarmen gegenüber ungehorsam gewesen, damit auch sie jetzt Erbarmen finden." (Römer 11,25-31; Elberfelder)

Es ist an der Zeit, die lange „bewährten" Gedanken und Argumente hinterfragen zu lassen und alle damit verbundenen Vernüfteleien ans Kreuz zu bringen. Bitten wir Gott um Offenbarung und Erkenntnis! ***Mein Volk geht zugrunde aus Mangel an Erkenntnis.*** (Hosea 4,6; Schlachter 2000)

2011 machte der Heilige Geist Rosemarie Stresemann, leitende Mitarbeiterin bei der Gebetsbewegung *Wächterruf-Gebetsnetz für Deutschland* auf ein im Zusammenhang mit dem Antisemitismus in Deutschland stehendes äußerst wichtiges, geschichtliches Ereignis aufmerksam. In einer DVD von Spiegel TV über die Geschichte des Nahen Ostens wurde gezeigt, wie der damalige Reichsführer der SS, Heinrich Himmler, zusammen mit muslimischen SS-Soldaten auf der Erde kniete und zu Allah betete. In einem zwischen Hitler und dem Mufti von Jerusalem 1941 in Berlin geschlossenen Bündnis wurden bereits Pläne zur

Vernichtung der Juden in Palästina und in den gesamten arabischen Gebieten gemacht. Rosemarie Stresemann hat über dieses Thema das Büchlein *Bündnis des Todes – Wie sich Nationalsozialismus und Islamismus in Deutschland verbündeten und gemeinsam den Holocaust planten* geschrieben. (25) Diese Schrift zeigt wichtige geistliche Zusammenhänge auf. Sie lässt die Aussage unseres ehemaligen Bundespräsidenten Christian Wulff und deren erneute Bestätigung durch unsere Bundeskanzlerin Angela Merkel „Der Islam gehört zu Deutschland", in einem neuen Licht erscheinen.

Wir Christen in Deutschland sollten dem sich daraus ableitenden Anspruch Satans gemeinsam mit unseren jüdischen Geschwistern in Autorität und Vollmacht und vor allem in Einheit entgegentreten. Es ist kein Geheimnis, dass unseren jüdischen Mitbürgern in Deutschland gerade von radikal-islamischer Seite gewaltiger Hass entgegenschlägt. Dieser gibt sich in jüngerer Zeit öffentlich zu erkennen. Überfälle auf jüdische Menschen auf offener Straße sind wieder möglich, ohne dass sich großer Protest dagegen erhebt.

Wir können uns kaum darauf berufen, dass dies nicht durch Bürger deutscher Abstammung initiiert wird, sondern müssen zutiefst darüber erschrecken, dass es wieder in Deutschland geschieht!

Der Leib Christi leidet unter einer Autoimmunkrankheit. So lange er einen zu ihm gehörenden Teil ablehnt, sind u. a. Taubheit und Blindheit die Folge. Er bleibt wohl am Leben, da er ja in den edlen Ölbaum eingepfropft ist und sich mit aus der saftreichen Wurzel nährt, aber er bringt nicht die volle Frucht. Er ist schwächlich und anfällig.

Seit der vollzogenen Trennung auf dem Konzil von Nicäa 325 n. Chr. hat Gott in seiner großen Barmherzigkeit unfassbar viel Gnade geschenkt. Ungeachtet dieser Fehlentwicklung hat er Erweckungen, Reformation sowie Zeichen und Wunder geschehen lassen. Heute aber ist es an der Zeit, die Weichen richtig zu stellen. Die Wiederkunft Jesu, des Jeschua HaMaschiach, ist nahe. Die Wurzel, die uns trägt, kann unmöglich bedeutungslos für uns sein. Eine der Strategien Satans in der Politik heißt *Appeasement*, was soviel wie Beschwichtigung, Verharmlosung bedeutet. Wenn es dem Feind nicht gelingt, uns zu Hass und Feindschaft zu bewegen, so versucht er es mit Gleichgültigkeit und Verharmlosung. Jesus dagegen ist radikal. Er sagt:

> „Wer nicht auf meiner Seite steht, ist gegen mich, und wer nicht mit mir sammelt, zerstreut.“ (Matthäus 12,30; Neue Genfer Übersetzung)

Entweder, oder! Da gibt es keinen Raum für Neutralität, keine Grauzone, keine fließenden Übergänge. Wie krass steht dies der heute üblichen Forderung nach Toleranz entgegen! Gleichgültigkeit ist der Leim, auf dem die Gemeinde Jesu festklebt. Das Lösungsmittel ist Umkehr, die Inanspruchnahme des Blutes Jesu und die Bitte um Offenbarung. Weisheit und Offenbarung gibt uns der Vater gerne, wenn wir ihn in Demut darum bitten.

Im Zusammenhang mit der Verkündigung des Evangeliums beklagen wir häufig gerade diese Gleichgültigkeit. Schmerzlich erleben wir das mangelnde Interesse der Menschen. Wir leiden gemeinsam mit Jesus, dass sie die ihnen angebotene Rettung ablehnen, von der wir wissen, dass sie ihre einzige Chance ist. Wie gerne würden wir ihnen mit allen Mitteln verständlich machen, wie wichtig es für sie ist, sich der rettenden Botschaft der Guten Nachricht zu öffnen.

Könnte es sein, dass es sich mit der Bedeutung Israels für den Leib Christi ähnlich verhält? Wäre es möglich, dass es den Vater unendlich schmerzt, wenn wir es ablehnen, seine Liebe zu seinem erstgeborenen Sohn Israel zu teilen?

Wie sehr muss Jesus sich wünschen, dass wir mit unseren messianischen Geschwistern sichtbar in Einheit leben.

> „Der Herr spricht: „Von denen, die mich gar nicht gesucht haben, ließ ich mich finden, und denen, die nie nach mir fragten, habe ich mich gezeigt. Zu Menschen, die nicht aus meinem Volk waren, habe ich gesagt: ‚Seht her, hier bin ich!'" (Jesaja 65,1; Hoffnung für alle)

Aus diesen Worten geht hervor dass sich der Herr uns, den Nichtjuden, aus purer Gnade zu erkennen gab. Der Herr hat uns in seiner großen Barmherzigkeit gesucht, er hat uns erwählt und nicht wir ihn (Joh. 15,16). An diese Erwählung ist eine Verantwortung geknüpft, aus der uns Gott nicht entlässt.

Das Gericht über die Heidenvölker

> „Wenn aber der Sohn des Menschen in seiner Herrlichkeit kommen wird und alle heiligen Engel mit ihm, dann wird er auf dem Thron seiner Herrlichkeit sitzen, und vor ihm werden alle Heidenvölker versammelt werden. Und er wird sie von einander scheiden, wie ein Hirte die Schafe von den Böcken scheidet, und er wird die Schafe zu seiner Rechten stellen, die Böcke aber zu seiner Linken. Dann wird der König denen zu seiner Rechten sagen: Kommt her, ihr Gesegneten meines Vaters, und erbt das Reich, das euch bereitet ist seit Grundlegung der Welt! Denn ich bin hungrig gewesen, und ihr habt mich gespeist; ich bin durstig gewesen, und ihr habt mir zu trinken gegeben; ich bin ein Fremdling gewesen, und ihr habt mich beherbergt; ich bin ohne Kleidung gewesen, und ihr habt mich bekleidet; ich bin krank gewesen, und ihr habt mich besucht; ich bin gefangen gewesen, und ihr

> seid zu mir gekommen. Dann werden ihm die Gerechten antworten und sagen: Herr, wann haben wir dich hungrig gesehen und haben dich gespeist, oder durstig, und haben dir zu trinken gegeben? Wann haben wir dich als Fremdling gesehen und haben dich beherbergt, oder ohne Kleidung, und haben dich bekleidet? Wann haben wir dich krank gesehen, oder im Gefängnis, und sind zu dir gekommen? Und der König wird ihnen antworten und sagen: Wahrlich, ich sage euch: Was ihr einem dieser meiner geringsten Brüder getan habt, das habt ihr mir getan! Dann wird er auch denen zur Linken sagen: Geht hinweg von mir, ihr Verfluchten, in das ewige Feuer, das dem Teufel und seinen Engeln bereitet ist! Denn ich bin hungrig gewesen, und ihr habt mich nicht gespeist; ich bin durstig gewesen, und ihr habt mir nicht zu trinken gegeben; ich bin ein Fremdling gewesen, und ihr habt mich nicht beherbergt; ohne Kleidung, und ihr habt mich nicht bekleidet; krank und gefangen, und ihr habt mich nicht besucht! Dann werden auch sie ihm antworten und sagen: Herr, wann haben wir dich hungrig oder durstig oder als Fremdling oder ohne Kleidung oder krank oder gefangen gesehen und haben dir nicht gedient? Dann wird er ihnen antworten: Wahrlich, ich sage euch: Was ihr einem dieser Geringsten nicht getan habt, das habt ihr mir auch nicht getan! Und sie werden in die ewige Strafe hingehen, die Gerechten aber in das ewige Leben.“
> (Matthäus 25,31-46; Schlachter 2000)

Könnte es nicht sein, dass unser Herr Jesus mit einem dieser geringsten Brüder in erster Linie unseren älteren Bruder Israel meint? Dabei sollten wir nicht den Fehler begehen, hier wiederum selbst eine Auswahl zu treffen, indem wir sagen, ja solange sich dies auf Juden bezieht, die an Jesus glauben, ist es akzeptabel; diejenigen aber, die ihn ablehnen, gehen uns nichts an.

Wer, wenn nicht wir, sollte diesen Bruder lieben? Wer sollte sein Wohl im Blick haben, für ihn beten und fest an seiner Seite stehen? Es geht darum, ein volles, uneingeschränktes Ja zu Gottes erstgeborenem Sohn zu finden, ohne sich das Recht auf distanzierte Kritik vorzubehalten. Diese Kritik schöpft ihre Berechtigung aus der Quelle der Ersatztheologie. Sie bemäntelt sich mit klarem Verstand und dem Anspruch der eigenen Beurteilungsfähigkeit, wo in Wahrheit Gott allein der gerechte Richter ist. Wir tun gut daran, ihm das Urteil über sein Volk Israel zu überlassen.

Es geht Gott nicht darum, ob wir gutheißen können, wie Israel sich politisch verhält oder welche negativen Erfahrungen der Einzelne eventuell mit Juden gemacht hat. Der Herr lässt keinen Zweifel daran, dass er dieses Volk nicht erwählt hat, weil es besser ist als andere Völker, sondern, weil er dies in seiner Souveränität so entschieden hat (5. Mose 7,6-8) Können wir es uns erlauben, Gott um dieser Erwählung willen zu kritisieren?

In Sacharja 1,14-17 sagt Gott uns sehr klar, dass er die zur Rechenschaft ziehen wird, die ihr eigenes Urteil über seinem Volk vollstreckt haben.

> „Und der Engel, der mit mir redete, sprach zu mir: Verkündige und sprich: So spricht der Herr der Heerscharen: Ich eifere für Jerusalem und für Zion mit großem Eifer; und ich bin heftig erzürnt über die selbstsicheren Heidenvölker; denn als ich nur ein wenig zornig war, halfen sie zum Unglück! Darum, so spricht der Herr: Ich habe mich Jerusalem wieder voll Erbarmen zugewandt; mein Haus soll darin gebaut werden, spricht der Herr der Heerscharen, und man wird die Messschnur ausspannen über Jerusalem. Verkündige ferner und sprich: So spricht der Herr der Heerscharen: Meine Städte sollen wiederum von Gutem überfließen, und der Herr wird Zion wieder trösten und Jerusalem wieder erwählen!“

Gott macht keinen Hehl daraus, wie stark sein Herz in Liebe für sein Volk brennt. Wie ein Liebeskranker empfindet er Schmerzen um diejenigen, die ihn abweisen und seine Liebe verschmähen, indem sie fremden Göttern dienen. Das ganze Kapitel Jesaja 44 ist ein einziges Liebesbekenntnis Gottes zu Israel und es enthält die für uns Heidenchristen so wichtige Botschaft:

> „Denn der HERR hat Jakob erlöst, und an Israel verherrlicht er sich.“ (Jesaja 44,23; Elberfelder)

Eine prophetische Sicht

Deutschland hat wie kein anderes Land kurz nach Ende des Zweiten Weltkriegs das sogenannte Wirtschaftswunder erlebt. Dies geschah nicht lange nach dem an Brutalität und Grauen unüberbietbaren Holocaust. Unser Land blühte wirtschaftlich mit einer Vehemenz auf, die nach Gottes Gesetz von Saat und Ernte eigentlich unerklärlich ist.

Nicht nur der größte Teil der säkularen Gesellschaft, sondern auch die meisten Christen waren der Verführung eines satanisch gesteuerten Systems hörig geworden und hatten sich an der Vernichtung von 6 Mio. Juden mitschuldig gemacht.

An dieser Stelle wird als Begründung für den darauffolgenden wirtschaftlichen Segen häufig Adenauers Reparationszahlungen an den damals noch jungen Staat Israel angeführt. Ich glaube jedoch, es ist allein der Gnade Gottes zu verdanken, dass es unserem damaligen Bundeskanzler Konrad Adenauer am Herzen lag, diesen neu entstandenen Staat durch finanzielle Mittel zu segnen. Niemand kann ernsthaft annehmen, unser Volk hätte durch Geld die Schuld der Schoah wiedergutmachen können. Nur durch Gottes Gnade konnte Adenauer in dem damaligen israelischen Ministerpräsidenten Ben Gurion einen solch versöhnungsbereiten Mann finden.

Darüber hinaus hatte Gott in den Jahren nach Kriegsende durch die Ev. Marienschwesternschaft in Darmstadt eine starke Fürbitterschar erstehen lassen. Sie traten stellvertretend für unser Volk in den Riss, um dem Herrn die unermessliche Schuld zu bekennen und für sein Volk zu beten und es zu segnen.

Manche sehen in dem wirtschaftlichen Aufschwung Deutschlands allerdings nicht Gottes segnende Hand, sondern führen dies allein auf die Schaffenskraft und den Fleiß der Deutschen zurück. Sie meinen, Gottes Segen hätte sich in Form größerer Erweckungen zeigen müssen, davon könne jedoch in unserem Land nicht die Rede sein. Wenn wir ins Alte Testament schauen, sehen wir, dass zu Gottes Segen immer auch materielles Wohlergehen gehörte. Selbst wenn man sich schwertut, einzelne Beispiele der Bibel als Legitimation dieser Sicht zu akzeptieren, so ist doch die Tatsache, dass es in Deutschland zur Vollbeschäftigung kam und niemand mehr Hunger leiden musste, als Segen zu sehen. Dass Wohlstand gleichzeitig die Gefahr des Götzendienstes beinhaltet, kann unmöglich als Gegenargument verwendet werden. Ob wir nun materiellen oder geistlichen Segen von Gott empfangen, wird Satan immer daran gelegen sein, ihn uns zur Versuchung werden zu lassen. Stolz ist das hartnäckigste Übel, durch das der Mensch zu Fall kommt, und Götzendienst ist die Folge.

Wenn wir nicht die Gnade Gottes in seinem Handeln an unserem Volk erkennen wollen, bleiben wir ihm den Dank und die Anbetung dafür schuldig.

Wäre es denkbar, dass dieser erstaunliche materielle Segen etwas mit der Berufung zu tun hat, die der Himmlische Vater unserer Nation vor Grundlegung der Welt gegeben hat? Könnte es sein, dass gerade unser Volk einen besonderen Auftrag in Beziehung zum jüdischen Volk empfangen hat?

Auf einer Prophetiekonferenz im Juni 2012 in Berlin gab Rick Joyner, USA, folgende Weissagung weiter:

> „Deutschland hat eine Schlüsselrolle, die Wiederherstellung nach Europa zu bringen. Deutschland hat eine spezielle Berufung für das jüdische Volk, darum hat Satan auch versucht, diese durch den Holocaust zu zerstören. Deutschland wird zu Israel stehen, wenn andere Nationen sich gegen Israel stellen. Deutschland und Israel sind auf besondere Weise miteinander verbunden. Das jüdische wie auch das deutsche Volk haben sich als die widerstandsfähigsten Völker erwiesen.

Die Wiederherstellung Israels ist ein Zeichen der Wiederherstellung für die ganze Welt. Die bevorstehende Zeit ist die Zeit des einen neuen Menschen. ***„Durch das Opfer seines Leibes hat er abgetan das Gesetz mit seinen Geboten und Satzungen, damit er in sich selbst aus den zweien einen neuen Menschen schaffe und Frieden mache.“*** (Epheser 2,15; Luther 1984) Am Ende des Zeitalters haben wir eine gemeinsame Zukunft.“

Ein weiteres Zeugnis kommt von Hombre Leggitt, USA, ebenfalls Sprecher der Prophetiekonferenz, Berlin:

„Am 24. Juni 2011 erschien mir ein Engel in Jerusalem. Ich war zu Besuch bei einem Rabbi und schlief auf dessen Couch. Mitten in der Nacht wachte ich auf, um für Deutschland zu beten. Ich hatte von Gott den Auftrag bekommen, nach Deutschland zu reisen, kannte jedoch den Grund meiner Reise nicht. Als ich betete bewegte sich etwas im Zimmer. Ich setzte mich auf und nannte den Namen des Rabbi, da ich eine große Gestalt wahrnahm – der Rabbi war ein großer Mann. Eine Stimme sagte: „Der Vater sendet dich in die Stadt der Wiederherstellung.“ Ich antwortete: „Ja, ich fahre nach Berlin:“ Er erwiderte: „So nennen wir diese Stadt nicht, wir nennen sie Stadt der Wiederherstellung. Es gibt Gründe, warum Gott sie so nennt.“

Hombre Leggitt weiter:

„Gott will nach Deutschland zurückkommen, nicht nur für Erweckung, sondern um ein volles, reifes Wachwerden zu bringen, nicht nur Errettung und Heilung. Der erweckte Leib Christi wird Heilung, Befreiung, Ermutigung etc. in die Straßen hinaustragen.“

> „Das Volk derer, die ihren Gott kennen, wird stark bleiben und danach handeln.“ (Daniel 11,32; Zürcher)

Auf einem Wächterruf-Fürbittertreffen 2012 in Kiel sagte Rosemarie Stresemann, Wächterruf Deutschland:

> „Wir wollen in die Berufung unseres Landes kommen, als Christen an der Seite Israels zu stehen. Es gilt Buße zu tun für alle Undankbarkeit gegenüber der Gnade Gottes, die wir Deutschen empfangen haben; Buße für verbale und tätliche Übergriffe auf Juden in unserem Land.“

Der Herr möchte uns die Augen öffnen, zu sehen und zu erfassen, welch herrliche Berufung er uns gegeben hat. Satan möchte diese Erkenntnis mit aller Macht verhindern.

Ofer Amitai, ein messianisch-jüdischer Pastor aus Jerusalem, weist auf die Parallele zwischen dem Handeln Aarons und der Gemeinde Jesu hin:

> „Aaron sprach: Mein Herr lasse seinen Zorn nicht entbrennen. Du weißt, dass dies Volk böse ist. Sie sprachen zu mir: Mache uns einen Gott, der vor uns hergehe; denn wir wissen nicht, was mit diesem Mann Mose geschehen ist, der uns aus Ägyptenland geführt hat. Ich sprach zu ihnen: Wer Gold hat, der reiße es ab und gebe es mir. Und ich warf es ins Feuer; daraus ist das Kalb geworden.“ (2. Mose 32,22-24; Luther 1984)

Mose war auf Gottes Befehl hin mit Josua auf den Berg Sinai gestiegen, um die Gesetzestafeln zu empfangen. Weil sich seine Rückkehr jedoch hinzog und es dem Volk Israel zu lange dauerte, bedrängte es Aaron:

> „Auf, mach uns einen Gott, der vor uns hergehe! Denn wir wissen nicht, was diesem Mann Mose widerfahren ist, der uns aus Ägyptenland geführt hat. Aaron sprach zu ihnen: Reißt ab die goldenen Ohrringe an den Ohren eurer Frauen, eurer Söhne und eurer Töchter und bringt sie zu mir. Da riss alles Volk sich die goldenen Ohrringe von den Ohren und brachte sie zu Aaron. Und er nahm sie von ihren Händen und bildete das Gold in einer Form und machte ein gegossenes Kalb. Und sie sprachen: Das ist dein Gott, Israel, der dich aus Ägyptenland geführt hat!" (2. Mose 32,1-4; Luther 1984)

Als Mose mit den Gesetzestafeln vom Berg herunterkam und das Volk um das Goldene Kalb herumtanzen sah, stellte er Aaron zur Rede. Dieser bedeckte die Schuld des Volkes nicht, sondern rechtfertigte sich selbst und wälzte die gesamte Schuld auf das Volk ab:

> „Mein Herr lasse seinen Zorn nicht entbrennen. Du weißt, dass dies Volk böse ist. Sie sprachen zu mir: Mache uns einen Gott, der vor uns hergehe; denn wir wissen nicht, was mit diesem Mann Mose geschehen ist, der uns aus Ägyptenland geführt hat. Ich sprach zu ihnen: Wer Gold hat, der reiße es ab und gebe es mir. Und ich warf es ins Feuer; daraus ist das Kalb geworden." (2. Mose 32,22-24; Luther 1984)

Aaron scheut nicht davor zurück, Mose ins Angesicht zu lügen, indem er behauptet, er habe lediglich das Gold ins Feuer geworfen und ein Kalb sei daraus entstanden. Moses Reaktion dagegen ist völlig anders. Er tritt für das Volk und für Aaron ein und Gott lässt sich erbitten:

> „Am nächsten Morgen sprach Mose zum Volk: Ihr habt eine große Sünde getan; nun will ich hinaufsteigen zu dem Herrn, ob ich vielleicht Vergebung erwirken kann für eure Sünde. Als nun Mose wieder zu dem HERRN kam, sprach er: Ach, das Volk hat eine große Sünde getan, und sie haben sich einen Gott von Gold gemacht. Vergib ihnen doch ihre Sünde; wenn nicht, dann tilge mich aus deinem Buch, das du geschrieben hast.“ (2. Mose 32,30-32; Luther 1984)

Laut Ofer Amitai hat die Gemeinde Jesu in den letzten 2000 Jahre nicht getan, was Mose hier für das Volk tat. Mose hat das zum Ausdruck gebracht, was Jesus später für alle Menschen getan hat. In 4. Mose 17,11ff gibt Gott Aaron eine zweite Chance. Durch seinen Gehorsam gebietet Gott der Plage Einhalt.

> „Und Mose sprach zu Aaron: Nimm die Pfanne und tu Feuer hinein vom Altar und lege Räucherwerk darauf und geh eilends zu der Gemeinde und schaffe für sie Sühne; denn der Zorn ist von dem HERRN ausgegangen und die Plage hat angefangen. Und Aaron tat, wie ihm Mose gesagt hatte, und lief mitten unter die Gemeinde; und siehe, die Plage hatte schon angefangen unter dem Volk. Da räucherte er und schaffte Sühne für das Volk und stand zwischen den Toten und den Lebenden. Da wurde der Plage gewehrt.“ (4. Mose 17,11-13; Luther 1984)

Bislang haben wir die Schuld Israels nicht bedeckt, sondern bei jeder Gelegenheit auf seine Blöße hingewiesen. Wie Aaron verweisen wir gerne drauf, dass die Juden an ihrem Dilemma selbst Schuld tragen und führen zahlreiche Gründe auf, die das ihnen widerfahrene Leid rechtfertigen. Wie schnell glauben wir den meist einseitig gefärbten Berichterstattungen der Medien, die Israels politische Handlungen negativ darstellen.

Antisemitismus in neuem Gewand (26)

Moderner Antisemitismus richtet sich heute, nicht wie im Dritten Reich gegen die Juden, sondern gegen den Staat Israel; gegen ihn wird scharf vorgegangen. Die Diskreditierung Israels heute ist vergleichbar mit dem Antisemitismus in der Weimarer Zeit und im Dritten Reich.

Im Jahr 2005 gab es einen Aufruf des Weltkirchenrates in Genf zur Isolation und dem Boykott Israels. Es wurde deutlich gemacht, Israel sei ein Apartheidsstaat und seine Haltung gegenüber den Palästinensern sei demzufolge rassistisch. Heute wird in weltweiten Umfragen immer wieder festgestellt: Israel ist das Problem in der Welt.

Einige Beispiele des modernen Anitsemitismus:

- In Zürich war auf einem Plakat folgender Text zu lesen: *„Israel verletzt täglich die Rechte der Palästinenser. Es ist kosher, Israel zu boykottieren.“*
- Vor einer Supermarktkette in Süddeutschland demonstrierten in unseren Tagen deutsche Israelgegner mit Plakaten: *„Boykottiert israelische Waren aus den von Israel besetzten Gebieten!“*

Schockierend, wie sich die Bilder gleichen: *„Kauft nicht bei Juden!“* war auf den Plakaten überzeugter Nazianhänger zu lesen, die sich gleich nach Beginn von Hitlers Machtübernahme stolz vor jüdischen Geschäften positionierten.

- Judith Butler, Tochter jüdischer Eltern, geb. 1954 in Cleveland, US-amerikanische Philosophin und Philologin, Professorin für Rhetorik und Komparatistik an der University of California, Berkeley, ist eine sehr einseitige Israel-Kritikerin. Sie bekam 2012 den Adorno-

Preis der Stadt Frankfurt. Von ihr wurde jetzt an der University of Cleveland, Berkeley das Fach „Boykott Israels“ eingerichtet.
- An englischen Universitäten sollen zukünftig keine israelischen Dozenten mehr eingeladen werden.
- Die Existenz des Staates Israel spaltet heute die Welt. Von den 193 UN-Mitgliedstaaten haben 55 das Existenzrecht Israels nicht anerkannt.

Es ist leichter, sich der allgemein gängigen Meinung anzuschließen, als genauer hinzuschauen und nach wahren Hintergründen und Zusammenhängen zu fragen. Es wäre gut, nicht kurzsichtig zu urteilen, sondern politisches Geschehen im biblischen Gesamtzusammenhang zu sehen. Israel war und ist Satan ein Dorn im Auge. Es stellt eine reale Bedrohung für ihn dar, weil er weiß, dass sich mit Israel Gottes Heilsplan für diese Welt erfüllt. Deshalb ist es sein ganzen Bestreben, die Juden auszulöschen und Gottes Eigentum an sich zu reißen. Dies ist der Grund für den erbitterten Kampf um dieses kleine Fleckchen Erde zwischen Orient und Okzident. Alles was in und mit Israel geschieht, sollten wir vor diesem Hintergrund beurteilen.

Gott gibt uns bis heute eine zweite Chance. Er wartet darauf, dass wir sie ergreifen und uns von ihm die dringend notwendige Sicht- und Sinnesänderung schenken lassen.

Kritik bewirkt niemals Veränderung. Wenn wir uns jedoch um Gottes Sichtweise bemühen, die sich aus seinem Wort ergibt, können wir beten bis zum Sieg.

„In Hinsicht auf die Gute Nachricht werden sie um euretwillen gehasst. Doch in Hinsicht auf die Erwählung sind sie geliebt um der Erzväter willen, denn Gottes freie Gabe und Berufung sind unwiderruflich. So wie ihr selbst Gott früher ungehorsam wart, jetzt aber Erbarmen

> empfangen habt wegen Jisraels Ungehorsam; so ist auch Jisrael jetzt ungehorsam gewesen, damit es, indem ihr ihm das gleiche Erbarmen erweist, das Gott euch erwiesen hat, jetzt ebenfalls das Erbarmen Gottes empfange. (Römer 11,28-31; Das Jüdische NT)

Gott bindet seine Barmherzigkeit an unsere tätige Barmherzigkeit. Wir sollten bedenken: Israel ist um unseretwillen blind gehalten.

> „Denn ich will nicht, Brüder, dass euch dieses Geheimnis unbekannt sei, damit ihr nicht euch selbst für klug haltet: Verstockung ist Israel zum Teil widerfahren, bis die Vollzahl der Nationen hineingekommen sein wird; und so wird ganz Israel gerettet werden, wie geschrieben steht: „Es wird aus Zion der Retter kommen, er wird die Gottlosigkeiten von Jakob abwenden." (Römer 11,25-26; Elberfelder)

Die Wuppertaler Studienbibel schreibt in den Bemerkungen zum Kommentar zu Matthäus 24, *Die Gerichtsdrohungen Jesu über Jerusalem, die Welt und die Gemeinde:*

„Die Geschichte der Juden ist eine unter der Sonne zweier Jahrtausende sich abspielende Tragödie, wie die Geschichte der Völker sonst keine einzige mehr aufzuweisen hat. Keine ***künstliche*** Tragödie ist es, sondern eine ***natürliche, wirkliche,*** deren Held an seiner Schuld nicht stirbt, sondern immer wieder zu neuem Leiden aufersteht, denn seine Leiden sollen ihm und den anderen zugute kommen, bis ***„dass die Zeit der Heiden erfüllet werde".*** " (27)

Wissen ist Verantwortung und Vorrecht! Das aktuelle Gemeindeprogramm ist es, mit unserem Herrn eng verbunden zu sein und zu wissen, was er sagt und was wir tun sollen.

Die wirksamste Waffe gegen den Geist des Antisemitismus ist zuerst das Gebet. Die Gemeinde Jesu muss eine betende Gemeinde werden, die sich diesem Geist entgegenstellt. Dem Gebet muss das öffentliche Bekenntnis der Gemeinde zu Israel folgen. Beispiel: *Theologische Erklärung der Bekenntnissynode in Barmen vom 31. Mai 1934.*

Ein beispielhaftes Bekenntnis aus heutiger Zeit. Die Badische Landeskirche macht sich stark gegen den Boykott Israels:

„Synode: ‚Schrei der Hoffnung' darf nicht ungehört verhallen. Antwort auf Appell palästinensischer Christen – Abschluss der Herbsttagung" (Bad Herrenalb, 21.10.2010)

Zum Abschluss ihrer Herbsttagung hat sich die Landessynode der Evangelischen Landeskirche in Baden mit der Lage im Nahen Osten befasst. In einem „geschwisterlich-kritischen Antwortbrief" an die Verfasser des sogenannten Kairos-Palästina-Dokuments fordert die Landeskirche, der von palästinensischen Christen formulierte „Schrei der Hoffnung, wo keine Hoffnung ist" dürfe nicht ungehört verhallen.

Zugleich wird in dem Antwortbrief, den die Synode anerkennend zur Kenntnis nahm, vor einer vereinfachenden und einseitigen Analyse der Situation gewarnt. „Die (israelische) Besatzung zu verurteilen, ist Eines, den Grund für den gesamten Konflikt auf die Besatzung zu reduzieren ist ein Anderes." Die Ideologie der Hamas werde in dem Kairos-Dokument ebenso wenig erwähnt wie Raketenangriffe auf israelische Städte und Attentate. „Von einem Existenzrecht des Staates Israel ist an keiner Stelle ausdrücklich die Rede."

Mit Nachdruck wendet sich die badische Landeskirche gegen einen Boykott israelischer Waren. „Der Aufruf zu Wirtschaftssanktionen und zum Boykott ist für viele Deutsche aufgrund der Erinnerung an die Zeit des Nationalsozialismus undenkbar", heißt es in dem Antwortbrief weiter. Zudem rücke das Kairos-Dokument in der unbestimmten Offenheit einzelner zentraler Formulierungen den Zionismus in die Nähe des Rassismus und den israelischen Staat in die Nähe eines Apartheidstaats.

Begrüßt werden dagegen der eindringliche Aufruf der palästinensischen Christen, Fanatismus und Extremismus abzuschwören, und die Aufforderung zum interreligiösen Dialog. Die Landeskirche betonte, dass sie den Appell aus den Schwesterkirchen in den palästinensischen Gebieten in ökumenischer Verbundenheit höre. Der „Schrei der Hoffnung, wo keine Hoffnung ist" entspringe der Erfahrung täglichen Leidens, täglicher Demütigung und Entrechtung.

Weitere Schwerpunkte der fünftägigen Tagung der Synode in Bad Herrenalb, die am Donnerstag zu Ende ging, waren die Jugendarbeit in der Landeskirche und das Gedenken an die Deportation der badischen Juden vor 70 Jahren in das französische Lager Gurs."

Die Freien Gemeinden in Deutschland, bis auf wenige Ausnahmen, tun sich mit solch einer klaren Positionierung schwer. Aus ihrer Richtung ist es sehr still um das Thema Israel. Es gibt eine Angst, sich politisch zu äußern. Aber der Auftrag der Gemeinde Jesu ist es, die Gesellschaft nach Gottes Maßstab zu prägen. Seine Weltsicht und seine Ordnungen können nur vom Leib Christi unter das Volk gebracht werden. Dies muss nicht lautstark durch Proteste und Demonstrationen geschehen, aber sollte doch von der Öffentlichkeit wahrgenommen werden. An erster Stelle steht hier das Gebet der Gemeinde. Das Gebet bereitet den Boden vor, damit die ausgesprochene Wahrheit Gottes als gute Saat aufgenommen werden und Frucht bringen kann. Liebe mischt sich ein. Sie ist nicht gleichgültig, sondern sie verfolgt mutig und konsequent das angestrebte Ziel. Das Bemühen um Gottes Sicht, verbunden mit der Bitte um Offenbarung, ist Voraussetzung für eine klare Stellungnahme und erzeugt Motivation zum Handeln.

Eine Vision

Im September 2011 gab der Herr einer mir persönlich bekannten Fürbitterin folgende Vision. Sie berichtete mir: *„Ich suchte die Nähe des Herrn und hörte die Worte: ‚Sie sagen, sie lieben mich, aber meinen Bruder lieben sie nicht.‘* Mir kam 1. Johannes 4,20-21 in den Sinn:

> „Wenn jemand sagt: Ich liebe Gott, und hasst seinen Bruder, ist er ein Lügner. Denn wer seinen Bruder nicht liebt, den er gesehen hat, kann nicht Gott lieben, den er nicht gesehen hat. Und dieses Gebot haben wir von ihm, dass, wer Gott liebt, auch seinen Bruder lieben soll.“ (Elberfelder)

Mir wurde bewusst, die Gemeinde liebt Jesus, aber sein Volk Israel liebt sie nicht. Ich betete: „Herr, was möchtest du mir sagen? Ich möchte dein Volk lieben, wie ich dich liebe. Herr, lege die Liebe für dein Volk in unsere Herzen. Heiliger Geist komm und tue du dein Werk in uns!“

Nach diesem Gebet empfing ich eine Vision: Ich sah ein sehr dunkles Hakenkreuz auf einem Herzen. Es gingen dunkle Nesseln von diesem Hakenkreuz aus, durchdrangen das Herz und liefen durch den ganzen Körper – der Körper war Deutschland. Ekel stieg in mir hoch und ich bat Jesus, alles mit seinem Blut zu bedecken. Ich sah, wie sich die dunkle Farbe des Hakenkreuzes veränderte, das Blut des Lammes füllte alles aus und drang in die Tiefen der Nesseln. Dann war es ruhig ... ich hörte ein Klacken ... und sah, was geschehen war: Das Herz hatte einen Stempel bekommen. Es war ein Davidstern in goldener Farbe, von dem aus goldene Nesseln durch den ganzen Körper gingen.“

Was bedeutet dieses Bild, was will der Herr damit ausdrücken? Ich denke, zwei Aussagen sind deutlich zu erkennen.

Erstens: Die Dunkelheit der Sünde, die durch die Naziherrschaft und deren Gräueltaten auf Deutschland gekommen ist, wird nur durch Jesu Blut getilgt. Sein Blut hat die reinigende Kraft, Dunkel in Licht zu verwandeln.

Zweitens: Gott drückt Deutschland neu das Zeichen seiner ihm ursprünglich gegebenen Berufung auf, als Freund und Bruder fest an der Seite Israels zu stehen. Israel, das jüdische Volk, soll Deutschland zum Segen sein. ***Das Heil kommt von den Juden.*** Johannes 4,22, (Luther 1984)

Da dieses Wort in seiner ganzen Dimension ausschließlich vom Leib Christi erfasst werden kann, kommt diesem eine besondere Verantwortung zu.

Ein weiterer von Gott gegebener Eindruck macht es deutlich:

Es ist die Szene einer Geburt. Das Fruchtwasser ist ausgelaufen, das Kind befindet sich noch in der Gebärmutter; die Mutter ist ohnmächtig. Das Kind droht im Mutterleib zu sterben. Nur das Gebet, dass Gottes Geist es mit allem versorgen möge und ihm hilft, den Weg durch den Geburtskanal zu schaffen, wird es am Leben erhalten.

Die Mutter steht für den Leib Christi in Deutschland. Dazu wurde das Wort aus Esther 4,14 gegeben:

> „Denn wenn du zu diesem Zeitpunkt wirklich schweigst, so wird Befreiung und Rettung für die Juden von einem andern Ort her erstehen. Du aber und das Haus deines Vaters, ihr werdet umkommen. Und wer erkennt, ob du nicht gerade für einen Zeitpunkt wie diesen zur Königswürde gelangt bist?“ (Elberfelder)

Gottes Wort ist manchmal ultimativ. Doch wenn Gott einen Auftrag erteilt, ist dies Privileg und Verantwortung zugleich. Wir kennen den guten Ausgang der biblischen Geschichte Esthers. Ihr Gehorsam und ihre Herzenshaltung: ***Komme ich um, so komme ich um*** (Esther 4,16; Luther 1984), brachten ihrem ganzen Volk Rettung. Sie war mutig und konsequent und hatte Gott gegenüber ein demütiges Herz.

Gott hat Deutschland einen besonderen Auftrag erteilt. Unsere Nation soll Israel in besonderer Weise als Freund zur Seite stehen. Unser Herr möchte, dass wir seinem alten Bundesvolk in noch größerem Maße zum Segen werden, als wir ihm zum Fluch geworden sind.

> „Ihr zwar, ihr hattet Böses gegen mich beabsichtigt; Gott aber hatte beabsichtigt, es zum Guten zu wenden, damit er tue, wie es an diesem Tag ist, ein großes Volk am Leben zu erhalten." (1. Mose 50,20; Elberfelder)

Die Gemeinde in Deutschland ist beauftragt, die Weichen für die Beziehung unseres Volkes zu Israel in positiver Weise zu stellen. Es geht weder um unsere Sicht der Dinge, noch um unsere Beurteilung der politischen Vorgehensweise Israels. Es geht nicht um Sympathie oder Antipathie, sondern allein um Gottes bedingungslose Liebe und Treue zu Israel, seinem auserwählten Volk. Er wird keine seiner Verheißungen, die er Israel gegeben hat, unerfüllt lassen. Wenn wir unsere Herzenshaltung von dieser Wahrheit herleiten, empfangen wir eine vorbehaltlose Sicht. Diese schafft Freiheit zur Fürbitte und Klarheit zum Handeln.

Israel wird seine Erwählung nicht los, die ihm den Hass Satans eingebracht hat, und Deutschland kann seine von Gott gegebene Berufung nicht unwirksam machen. Der Leib Christi trägt hier eine hohe Verantwortung, deren Wahrnehmung jedoch eine herrliche Verheißung hat.

> „Ich will segnen, die dich segnen, und verfluchen, die dich verfluchen; und in dir sollen gesegnet werden alle Geschlechter auf Erden.“ (1. Mose 12,3; Luther 1984)

Um die uns von Gott verheißene Schlüsselfunktion für eine gewaltige Geistausgießung in Europa zu erlangen, brauchen wir diesen Segen.

Anhang

Erklärung der Württembergischen Evangelischen Landessynode zum Verhältnis von Christen und Juden „Gottes Gaben und Berufung können ihn nicht gereuen“

oder

„... der Treue hält ewiglich“ (Römer 11,29 / Psalm 146,6b)

vom 6. April 2000 (28)

Die Württembergische Evangelische Landessynode hat auf einer Klausurtagung in Bad Boll vom 5. bis 6. April 2000 über das Verhältnis von Christen und Juden beraten. Sie hat dabei auf jüdische Gesprächspartner gehört. Als Mitglieder der Landessynode sind wir dankbar für Erkenntnisse und Einsichten, die durch die Begegnung mit und die Beteiligung von jüdischen Gesprächspartnerinnen und Gesprächspartnern möglich wurden. Ihre freundliche Mitwirkung und Offenheit für das Gespräch ermutigen zu weiteren Begegnungen. Wir haben viel vom Reichtum des jüdischen Glaubens, vom Hören auf die Tora, von messianischer Hoffnung, von jüdischer Gelehrsamkeit und von der Freude am Studium der Heiligen Schrift wahrgenommen.

Mit dieser Erklärung nimmt die 12. Landessynode auf, was der württembergische Evangelische Oberkirchenrat und die 10. Württembergische Evangelische Landessynode in der Erklärung vom 15. September 1988 zum 50. Jahrestag des Judenpogroms „Reichskristallnacht“ am 9. November 1938 „Verbundenheit mit dem jüdischen Volk“ und die 11. Landessynode am 29. November 1992 zum „Verhältnis zu unseren jüdischen Mitmenschen“

gesagt haben. Die Synode verpflichtet sich, den eingeschlagenen Weg fortzusetzen; sie will über ihre Klausurtagung hinaus das Gespräch in den Kirchengemeinden fördern. Sie bittet dabei besonders, folgende Punkte aufzunehmen.

1. „... der Treue hält ewiglich"

Gottes Berufungswort an Abraham begründet die bleibende Verbundenheit der Kirche mit dem jüdischen Volk: „Ich will segnen, die dich segnen ...; und in dir sollen gesegnet werden alle Geschlechter auf Erden" (1. Mose 12,3). Gott hat sein Volk aus allen anderen Völkern in Liebe erwählt (5. Mose 7,7ff) und mit ihm einen Bund geschlossen, den er nicht aufgehoben hat (Römer 11,29). Gott hat sein Volk Israel nicht verstoßen (Römer 11,2). Auch die Kirche lebt von der Treue Gottes. Indem wir uns als Kirche durch Jesus Christus in die Geschichte Gottes mit seiner Schöpfung und mit seinem Volk Israel hineingenommen wissen, halten wir gleichzeitig daran fest, dass der Bund Gottes mit seinem Volk Israel weiterbesteht. Christen bekennen den Gott Abrahams, Isaaks und Jakobs als den Vater Jesu Christi. Durch das Bekenntnis zum Einen Gott der Bibel, dem Schöpfer und Erlöser, „der Treue hält ewiglich", stehen sie in einem besonderen Verhältnis zum jüdischen Volk.

2. Israelvergessenheit als Schuld der Kirche

Die evangelische Kirche hat über Jahrhunderte weithin vergessen und verdrängt, dass das Christentum seine Wurzel in Israel hat. Wir blicken zurück auf die lange Geschichte der Judenverfolgung und auf die Schoah, die alle bisherigen Verfolgungen in ihrer programmatischen Brutalität und Perfektion überstieg. Unsere Kirche hat in dieser Situation versagt. Sie versagte aus Lieblosigkeit, Furcht und Schwäche. Falsche Auslegung biblischer Texte führte zur Ablehnung und Abwertung des Judentums. So wurde ausdrückliche Judenfeindschaft ein Teil des christlichen Selbstverständnisses. Dieser unentschuldbare theologische Irrtum hatte entsetzliche Folgen.

Die Evangelische Landeskirche in Württemberg hat in doppelter Hinsicht Anteil an dieser Schuld: Als lutherische Kirche steht sie in der Tradition Martin Luthers. Deswegen distanzieren wir uns ausdrücklich von seinen judenfeindlichen Äußerungen. Als Landeskirche in Deutschland steht sie in der besonderen Geschichte unseres Volkes. Wir erkennen diese Schuld und bekennen sie. Wir wollen daraus Konsequenzen ziehen:

- Wir wollen als Kirche lernen, um unserer Identität willen auf das Judentum zu hören. Bei allen Aussagen zu unserem Selbstverständnis und zum Verhältnis von Christen und Juden wollen wir den jüdischen Weg und das jüdische Schicksal mit bedenken. Wir leben davon, dass Israel unser Gegenüber ist, und nehmen Juden als Juden wahr.
- Wir stellen uns allen Formen des Antisemitismus entgegen.

Dabei sind uns die Frauen und Männer eine Ermutigung, die der jahrhundertelangen Israelvergessenheit widersprochen haben und für Juden eingetreten sind. Was sie getan haben, ist ein Zeichen der Hoffnung.

Wir sind dankbar, dass trotz allem, was war, jüdische Mitbürgerinnen und Mitbürger wieder unter uns in Deutschland leben und wieder jüdische Gemeinden entstanden sind.

3. Israel als Zeuge Gottes und seiner Treue

Israels Zeugnis von dem Einen Gott und dessen Treue wurzelt in einer eigenen biblisch begründeten Glaubens- und Wahrheitsgewissheit. Dieses Zeugnis unterscheidet sich von dem Zeugnis der Gnade Gottes in Jesus Christus. Christen sind verpflichtet, ihr Zeugnis und ihren Dienst in Achtung vor der Überzeugung und dem Glauben Israels wahrzunehmen und dabei zu entdecken, was Christen mit Juden verbindet:

a) Durch die Schrift verbunden

Die Heilige Schrift der Juden ist gleichzeitig Teil der Heiligen Schrift der Christen. Die ersten Christen kannten, ebenso wie Jesus selbst, keine andere „Schrift“ als die jüdische Bibel, die von den Christen heute „Altes Testament“ genannt wird. „Alt“ heißt dabei nicht veraltet, sondern bedeutet anfänglich und grundlegend. Der erste Teil der Bibel ist durch den zweiten Teil nicht ersetzt oder abgelöst. Die Bibel Israels bezeugt die Geschichte Gottes, der sein Volk erwählt hat. Das Neue Testament bezeugt, dass eben derselbe Gott sich in Jesus Christus offenbart und durch ihn gehandelt hat. Christen lesen das Alte Testament von der Auferstehung Jesu Christi her. Es ist der Eine Gott, der im Alten Testament und im Neuen Testament handelt. Christen lernen von Israel, wie dieses seine Heilige Schrift, die Jüdische Bibel versteht.

b) Gemeinsam erwählt

Nach neutestamentlichem Zeugnis versteht sich die Kirche als Gemeinschaft derer, die durch Jesus Christus zum Volk Gottes aus Juden und Heiden berufen wurden. Die mehrheitlich heidenchristliche Kirche hat sich dankbar als „Volk des Eigentums Gottes“ (1. Petrus 2,9) verstanden, das in den Bund Gottes mit Abraham hineingenommen ist.

Die bleibende Erwählung Israels und die Erwählung der Kirche ist ein von Gott herkommendes Geschehen. Die Kirche ist nicht an die Stelle Israels getreten. Gott ist der souverän Handelnde für beide (Römer 11,21-24).

Deswegen darf das Selbstverständnis der Christen das des jüdischen Volkes nicht herabsetzen.

c) Von Hoffnung getragen

Christen lernen von Israel, dass Gott einen neuen Himmel und eine neue Erde schaffen wird (Jesaja 65,17). Das ist keine leere Hoffnung. Sie eröffnet konkrete Perspektiven. Die Erfüllung dieser Hoffnung liegt im erlösenden Tun Gottes. Bis dahin „sehen wir durch einen Spiegel ein dunkles Bild, dann aber von Angesicht zu Angesicht. Jetzt erkenne ich stückweise, dann aber werde ich erkennen, wie ich erkannt bin“ (1. Korinther 13,12).

Das Neue Testament bezeugt die Hoffnung aus Jesaja 65 in Offenbarung 21 und in 2. Petrus 3,13: „Wir warten eines neuen Himmels und einer neuen Erde nach seiner Verheißung, in welchen Gerechtigkeit wohnt.“ Auch wenn sich die Hoffnung der Christen auf Christus, den Präexistenten und den geschichtlich Offenbarten, bezieht, verbindet die gemeinsame Hoffnung auf Gottes Zukunft Juden und Christen.

d) Gemeinsam Verantwortung wahrnehmen

Christen und Juden werden durch die gemeinsame biblische Grundlage ermutigt, miteinander Verantwortung in der Welt wahrzunehmen. Dies setzt voraus, dass nach der langen Geschichte der christlichen Schuld Vertrauen zwischen beiden Partnern wachsen kann.

Wir sehen beispielsweise folgende Bereiche der gemeinsamen Verantwortung:

- Die Bedeutung des Feiertags (Sabbat und Sonntag)
- Das Verhältnis von Arbeit und Ruhe. Die Sieben-Tage-Woche mit dem Ruhetag als ihrem Höhepunkt ist in der Schöpfungsgeschichte und in den Geboten

verankert. Sie prägt Judentum und Christentum bis heute. Arbeit und Alltag werden durch heilige Zeiten unterbrochen, in denen wir auf das schauen, was Gott tut und überprüfen, ob unser Wirken noch dem entspricht, was die Schöpfungsgeschichte von Gottes Tun berichtet, nämlich „und siehe, es war sehr gut" (1. Mose 1,31). Sabbat und Sonntag eröffnen Freiräume zum Hören auf Gottes Wort und zum Lob Gottes. Darin gewinnt die Gottesbeziehung Gestalt. So kommt der Mensch zu sich selbst und zu seiner Bestimmung. Deshalb darf nach biblischer Überlieferung der Rhythmus von Arbeit und Ruhe für den Menschen und seine Mitwelt nicht aufgegeben werden. Die Bibel stellt das Sabbatgebot in größere Zusammenhänge. Sabbat- und Erlassjahr machen dies deutlich und lenken den Blick auch auf die Bewahrung der Schöpfung und den Aspekt der Gerechtigkeit.

- Bewahrung der Schöpfung. Weil die Welt Gottes gute Schöpfung ist, bleibt die menschliche Verfügungsgewalt über die Mitwelt begrenzt. Gottes Gebot schützt die Schöpfung vor menschlicher Willkür (5. Mose 22,6f; 5. Mose 25,4; 3. Mose 25,3f). Dazu erinnert die Bibel an die Verantwortung für die kommenden Generationen (2. Mose 20,5; Jeremia 31,29; Ezechiel 18,2). Diese Grundlagen verpflichten dazu, der Mitwelt eigene Rechte zuzuerkennen. An ihnen sollen wir uns orientieren, wenn wir nach Regeln und Grenzen für Eingriffe in das Erbgut von Pflanzen, Tieren und Menschen fragen. Sie veranlassen uns, beim Umgang mit Ressourcen auf Nachhaltigkeit zu achten.
- Gerechtigkeit und Menschenrechte

„Gott schuf den Menschen zu seinem Bilde ... und schuf sie als Mann und Frau“ (1. Mose 1,27). Damit hat Gott jedem Menschen eine unantastbare Würde verliehen. Das ist nach jüdischem und christlichem Verständnis der Grund der Menschenwürde, aus der sich der Anspruch auf Gerechtigkeit und die Verpflichtung, die Menschenrechte zu achten, ableiten. Wo Christen und Juden für Solidarität in der einen Welt eintreten, konkretisieren sie Gerechtigkeit und Menschenrechte. Diese bewähren sich, wo Christen und Juden die Rechte der Menschen vertreten, die als Fremde und Ausländer, Flüchtlinge, Vertriebene und Asylsuchende in der Gefahr stehen, entrechtet zu werden. Der Schutz der Fremden ist biblische Verpflichtung (2. Mose 22,20; 3. Mose 24,22; 4. Mose 15,16f.). Jeglicher Antisemitismus widerspricht den Menschenrechten und dem biblischem Verständnis von Gerechtigkeit.

4. Juden, die sich zu Jesus als dem Messias bekennen

Es waren jüdische Frauen und Männer, die sich als erste zu Jesus als dem „Messias“ (= Christus) bekannten. Paulus litt darunter, dass dieses Bekenntnis von den meisten seiner Brüder und Schwestern nicht geteilt werden konnte (Römer 9,3). Umso wichtiger war ihm die Erkenntnis, dass Gott seinen Bund mit Israel aufrecht erhält (Römer 9,4).

Schon bald bildeten Menschen aus den Völkern die Mehrzahl der Christen. Es gehört zu den Verhängnissen der Kirchengeschichte, dass die Judenchristen früh aus dem Blick geraten sind. In unserer Zeit begegnen uns erneut jüdische Menschen, die Jesus Christus als Messias erkennen. Sie verbinden ihre jüdische Lebensweise mit dem Glauben an Jesus. Damit treten sie in die Gemeinschaft der an Jesus Christus Glaubenden ein. Aus diesem Grund sind wir mit ihnen verbunden.

Wir nehmen zur Kenntnis, dass nach rabbinischem Verständnis ein Jude, der sich zu Jesus als seinem Messias bekennt und sich auf den Namen des Dreieinigen Gottes taufen lässt, nicht mehr zur jüdischen Gemeinschaft gehört. Wir nehmen gleichzeitig wahr, dass „Messianische Juden“ darin keineswegs ihr Jude-Sein verleugnen, sondern im Gegenteil erfüllt sehen. Nach christlichem Verständnis gehören Menschen, die sich zu Jesus als Messias bekennen und auf den Namen des Dreieinigen Gottes getauft sind, zur Gemeinschaft der Kirche Jesu Christi. Wir bedauern, wenn es über den Status dieser Menschen zwischen Juden und Christen zu Irritationen kommt. Wir wollen sowohl mit jüdischen Gemeinden wie mit „Messianischen Juden“ und ihren Gemeinden in Kontakt und Austausch bleiben und für beide eintreten.

5. Das christliche Zeugnis und die Begegnung von Christen und Juden

Weil Christen und Juden in der gemeinsamen Tradition des Glaubens untrennbar verbunden sind und das Christentum in Israel verwurzelt ist, stehen sie in einer besonderen Beziehung zueinander. Diese Beziehung ist anders qualifiziert als das Verhältnis zu allen anderen Völkern und Religionen. Israel muss der Weg zu Gott nicht erst gewiesen werden.

Vielmehr sind Christen und Juden Partner mit je eigener Identität in der Geschichte Gottes mit seinem Volk. Die Kirche glaubt und bezeugt im Christusgeschehen das endgültige, nicht überbietbare Gotteshandeln für das Volk Israel und für die Völkerwelt. Dabei gehören die Bindung an Christus und die Verwurzelung in Israel für Christen untrennbar zusammen. Diesen Glauben bezeugen Christen aller Welt.

Angesichts der gemeinsamen Geschichte des Glaubens und der je eigenen Erfahrungen mit dem Einen Gott und angesichts der besonders belasteten Geschichte von Christen und Juden in Deutschland ist der Begriff der Judenmission unangemessen. Deshalb sollten wir das Wort „Judenmission“ endgültig aus unserem Wortschatz streichen. Was wir mit Zeugnis in Wort und Tat meinen, wird durch diesen Begriff nur belastet. Vielmehr geben sich Christen und Juden wechselseitig Anteil an ihren Erfahrungen mit Gott und an dem, wovon sie gemeinsam und je eigen leben.

Die angemessene Gestaltung des Verhältnisses von Christen und Juden geschieht in der Form des Gesprächs über den Glauben und im je eigenen Zeugnis in diesem Dialog in Achtung vor der Identität des Gegenübers.

Quellenverzeichnis

1. Handbuch der Biblischen Prophetie, Dr. Arnold. G. Fruchtenbaum

2. Israel Heute, Spezial Nr. 1 Christen – Juden 2000

3. Israel Heute, Spezial Nr. 1 Christen – Juden 2000

4. Israel Heute, Spezial Nr. 1 Christen – Juden 2000

5. Israel Heute, Spezial Nr. 1 Christen – Juden 2000

6. Israel Heute, Spezial Nr. 1 Christen – Juden 2000

7. Neues Jüdisches Testament, David H. Stern

8. Röm 1,16; 3,29-30; 10,12

9. Vgl. 1. Kor 9,19-23

10. Das sind die hebräischen Namen Abraham, Isaak, Jakob und Jesus

11. Apg 21,10 * Talmidim ~ Jünger, Pl.

12. Röm 1,16

13. Vgl. Apg 16,3; 17,2; 18,18; 20,16; 21,23-27; 25,8; 28,17

14. Vgl. Apg 15,1-29 und den ganzen Galaterbrief

15. Vgl. vor allem Lev 17,11; und vgl. „An die messianischen Juden“ (Hebräerbrief) 9,22

16. Jochanan (Joh) 4,22

17. Jer 31,30-34

18. Weitere Beispiele s. David Bivin u. Roy Blizzard Jr, „Understanding the Difficult Words of Jesus“ Austin, Texas: Center for Judaic-Christian Studies, 1984: Vgl. auch den „Jewish New Testament Commentary“ und Abschnitt VI unten

19. Matitjahu (Mt) 5-7

20. Matitjahu (Mt) 6,23

21. Matitjahu (Mt) 6,21.24

22. Gest. 135 u. Z. (vgl. Fußnote 35)

23. 1626-1676 *Scha-ul ~ Paulus

24. Wikipedia

25. Bündnis des Todes, Rosemarie Stresemann, Hrsg. „Christen an der Seite Israels e.V.“

26. Faktische Informationen: Vortrag von Jurek Schulz, Leiter AMZI, 3. Treffen der Christlichen Israelfreunde Norddeutschlands am 29.3.2014, Hamburg

27. Wuppertaler Studienbibel, 1. Auflage 1989, Matthäus, Markus, Lukas, begr. v. Fritz Rienecker, Reihe NT, Hrsg. W. De Boor, A. Pohl

28. Erklärung der Württ. Ev. Landessynode zum Verhältnis von Christen und Juden, 6. April 2000

Die Vision des William Carey Verlages

Der William Carey Verlag bringt Bücher und Seminare heraus, um Christen – gemäß ihrer Gaben und ihrer Berufung – für effektiven Dienst in Gemeinde und Arbeitswelt zu trainieren.

Die Schwerpunkt-Themen des Verlages sind Gemeindewachstum, Entwicklung von Leitern, Gebetsstrategie, Erreichung von Städten, Gesellschafts-Reformation und Gemeindegründung.

Für Informationen und Seminar-Preise kontaktieren Sie uns gerne:

Telefon: **033398-918771**

oder

Email: info@christusfuereuropa.de

Besuchen Sie auch unseren Shop unter: www.wcvshop.de

Werden Sie ein Buch-Botschafter!

Wenn Ihnen der Inhalt dieses Buches gefallen und geholfen hat, dann laden wir Sie ein, ein Buch-Botschafter für „Der Weckruf“ zu werden.

Hier sind einige Möglichkeiten:

1. Verschenken Sie dieses Buch an Multiplikatoren (z.B. Ihr Pastor, Ihr Chef, Kollegen)
2. Nutzen Sie dieses Buch als Studienbuch für mehrere Wochen im Hauskreis oder einer Gruppe bei sich zuhause oder in der Gemeinde.
3. Empfehlen Sie dieses Buch im Gottesdienst weiter und machen Sie es zu einem Thema in Ihrer Gemeinde.
4. Kaufen Sie 5, 10 oder mehr Exemplare mit einem Büchertisch-Rabatt. Größere Rabatte für Bücherläden sind möglich.
5. Bauen Sie dieses Seminar als Modul in Ihre Bibelschule / Studienprogramm ein, mit der Möglichkeit Credits für einen international anerkannten Bachelor oder Master zu erhalten.
6. Schreiben Sie eine Buch-Rezension für Ihre Gemeindezeitung oder ein christliches Magazin.

Weitere interessante
und lehrreiche Bücher des
William Carey Verlages

Entdecke deine Geistesgaben

Der Leitfaden, um deine Geistesgaben
zu identifizieren und zu verstehen

Welche von Gottes Gaben trägt deinen Namen?

Wenn du ein Nachfolger von Christus wirst, dann empfängst du Gaben vom Heiligen Geist. Wie kannst du mit Sicherheit wissen, welche Gaben du hast? Und wenn du es dann einmal weißt, wie solltest du deine Gaben am besten einsetzen, um Gott zu dienen? Entdecke deine Geistesgaben gibt dir lebensverändernde Antworten auf diese und viele weitere Fragen.

In dieser bewährten Studie wirst du die 28 biblischen Geistesgaben kennenlernen, sowie die Definition und Geschichte jeder dieser Gaben, und viele biblische und moderne Beispiele von Christen kennenlernen, die diese Gaben genutzt haben. Durch den integrierten Fragebogen (der Gabentest) wirst du in der Lage sein, deine eigenen Gaben herauszufinden, und Wege zu entdecken, wie du sie für den Bau von Gottes Reich einsetzen kannst. Diese Ausgabe enthält eine neue Bibelstudie für persönliche Reflektion oder für Studium in der Kleingruppe, die dir dabei helfen wird, jede der Gaben genauer zu untersuchen, über die Wagner in diesem Buch schreibt.

C. Peter Wagner – Softcover – ca. 170 Seiten

Erhältlich unter: www.wcvshop.de

Gemeinde in der Arbeitswelt

Setzen Sie die Kraft der Gemeinde in der Arbeitswelt frei!

Peter Wagner, Experte der „Glaube-und-Arbeit-Bewegung“, teilt den bedeutsamsten Paradigmen-Wechsel seit der Reformation mit: Brückenbau zwischen der Ortsgemeinde und der erweiterten Gemeinde in der Arbeitswelt. Aber es besteht eine weite Kluft zwischen der Gemeinde, die sich ein- oder zweimal pro Woche trifft, und der Gemeinde in der Arbeitswelt. Jede der beiden Gemeindeformen hat ihre eigene Kultur und ihr eigenes Regelbuch. Zwischen diesen beiden kraftvollen Welten eine Harmonie herzustellen setzt gläubige Christen frei, in beiden Bereichen ihre göttliche Bestimmung zu erfüllen.

Jesus diente in der Berufs- und Arbeitswelt, und wir sollten dies auch tun. Die Kultur unserer Gesellschaft wird nicht transformiert werden, außer durch uns. Das Buch, Die Gemeinde in der Arbeitswelt, ist ein umfassender Leitfaden für Transformation der Gesellschaft, der Ihnen helfen wird, Ihre Berufung zum Dienst zu verstehen und Gottes Salbung dafür zu erleben.

„In seinem Buch, Die Gemeinde in der Arbeitswelt, hat Peter Wagner uns einen soliden Überblick und ein gründliches, biblisches Verständnis der Glaube-und-Arbeit-Bewegung geliefert. Es ist ein dringend benötigtes Buch, das die Sicht der Gemeinde sehr erweitert, und das aufzeigt, welche Veränderungen notwendig sind, damit wir echte gesellschaftliche Transformation erfahren können. Dieses Buch ist ein Muss für jeden Pastor und Leiter in der Arbeitswelt.

Os Hillman, President von Marketplace Leaders und der International Coalition of Workplace Ministries, Autor von „The 9 to 5 Window“.

C. Peter Wagner – Softcover – ca. 200 Seiten

Erhältlich unter: www.wcvshop.de

Apostel und Propheten

Die Grundlage der Gemeinde

Zusammenarbeiten für den Sieg

Jesus offenbarte sich selbst als den Eckstein der Gemeinde. Aber Er hat Seine Gemeinde auferbaut, und baut sie ständig weiter, durch Apostel und Propheten – berufene Männer und Frauen, die durch den Heiligen Geist bevollmächtigt sind.

Jetzt vermittelt uns der Autor von Apostel Heute, der ein Leiter in der Neuen Apostolischen Reformation ist, neue Einsichten wie christliche Leiter, die zu besonderen Rollen im Leib Christi berufen sind – Apostel und Propheten, sowie Evangelisten, Pastoren und Lehrer – zusammenarbeiten müssen, um ihre eigene Bestimmung zu erfüllen, und die Absichten Gottes für Seine Gemeinde.

Zum ersten Mal seit dem ersten apostolischen Zeitalter der frühen Gemeinde, mobilisiert und nutzt der Herr Apostel und Propheten als eine wachsende internationale Bewegung, um die Verheißungen Seines göttlichen Planes mit den Völkern und Nationen der Welt zu erfüllen.

Bereite dich vor, deine Aufgabe zu übernehmen!

C. Peter Wagner – Softcover – 150 Seiten

Erhältlich unter: www.wcvshop.de

Zugpferde in der Gemeinde – Nutzen statt hüten

Gottes Plan für die Transformation von Leitern verstehen

Kent Humphreys war über 30 Jahre lang Führungskraft in der Wirtschaft und Besitzer und Leiter einer Warenhandelskette in den ganzen USA. Nachdem er die Firma 1997 verkaufte, arbeitete Kent weiter im Bereich Immobilien, sowie der Herstellung und dem Vertrieb von medizinischer Technik. 2002 wurde er Präsident von „Fellowship of Companies for Christ“, einer Organisation, welche christliche Firmenbesitzer, die ihre Firmen als Plattform für den Dienst nutzen wollen, trainiert und ermutigt.

Über viele Jahre hinweg hat Kent einen Großteil seiner Zeit damit verbracht, Firmenleitern und Pastoren in ganz Amerika durch Bücher, Vorträge und Mentoring zu dienen. Er hat in 16 Universitäten in den USA und in Kanada und auf vielen internationalen Konferenzen gesprochen. Sein Buch „Shepherding Horses – Teil 1“ (das Warum) und „Shepherding Horses – Teil 2“ (das Wie) haben nationalen und internationalen Erfolg.

Kent Humphreys – Softcover – 56 Seiten

Erhältlich unter: www.wcvshop.de

Aufschließen der Abraham-Verheißung

Sieben Schlüssel zur Multiplikation

Es gibt eine Verheißung im Wort Gottes, die für alle Christen gilt, männlich und weiblich, ungeachtet der Rasse oder des sozialen Hintergrunds. Diese Verheißung führt zu großer Fruchtbarkeit und Segnungen im Leben des Gläubigen.

Sie garantiert ein Leben im Sieg über alle Feinde und eröffnet das Potenzial, Nationen zu erreichen und zu segnen. Sie wird durch einen Schwur des Allerhöchsten bekräftigt und wartet darauf, aufgeschlossen zu werden: Der Abraham-Segen! Als Christen sind wir Erben der Verheißung Gottes an Abraham, dass alle Familien der Erde Seinen Segen erfahren und göttliche Vermehrung erleben.

Autor und Dienst: Berin Gilfillan ist der visionäre Gründer der ISDD Bibelschule sowie der Organisation „Good Shepherd Ministries", wohinter Gottes Vision steht, Gemeinden zu helfen, Christen im Wort Gottes als Jünger Jesu und für den Dienst auszubilden. Dieses Buch beschreibt die Vision der Multiplikation hinter der ISDD Bibelschule und beschreibt die Aufgabe, welche Gott uns gegeben hat, mit Ihm zusammenzuarbeiten. Heute gibt es über 320.000 aktive Bibelschüler in über 145 Nationen der Welt und in 70 Sprachen. ISDD ist ein Hilfsdienst für Pastoren und Leiter, eine neue Generation von Christen auszubilden und die große Endzeiternte einzuholen. Die Arbeit erfährt explosive Multiplikation in der ganzen Welt.

Berin Gilfillan – Softcover – 160 Seiten

www.isddbibelschule.de

Gottes reinigender Strom

Befreiung in der Ortsgemeinde

Chris Hayward ist Präsident von Cleansing Stream International (Reinigender Strom), einer christlichen Organisation, die zum Ziel hat, Ortsgemeinden in biblisch ausgewogenem, effektiven Heilungs- und Befreiungsdienst auf der Grundlage von Jüngerschaft auszubilden.

In diesem wichtigen Buch zeigt Chris Hayward auf, dass Befreiung ursprünglich ein fester Bestandteil der Urgemeinde war. Im Laufe der Zeit zog sich die Kirche von diesem lebensnotwendigen Dienst zurück und überließ das Feld dem Humanismus sowie säkularen Selbsthilfeprogrammen. Es ist höchste Zeit, dass der Leib Christi wieder zu seinem biblischen Mandat des Heilungs- und Befreiungsdienstes zurückfindet. Dieses Buch zeigt auf, wie solch ein Dienst auf gesunde Weise in die Gemeinde integriert werden kann, und erklärt eingehend den Dienst von „Reinigender Strom".

Befreiung ist Gottes Idee ...

... und Er stellt sie in Seiner Gemeinde wieder her!

Besuchen Sie unsere Webseite – www.reinigenderstrom.de

Erhältlich unter: www.wcvshop.de

Ende der Ablehnung

Der Weg ins Paradies ist wieder frei

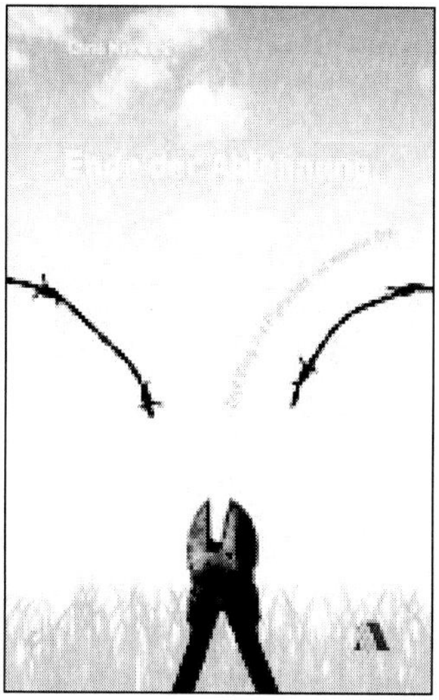

Jeder von uns möchte geliebt werden. Doch schon vom ersten Atemzug an werden wir mit Ablehnung und Zurückweisung durch andere konfrontiert. Die Gründe dafür lassen sich bis zu den Ursprüngen der Menschheit im Paradies zurückverfolgen. Wenn wir diese Ursachen für Ablehnung verstehen, dann können wir den Weg erkennen, wie wir die Mauern der Ablehnung durchbrechen und den Weg zu Ganzheit und innerer Freiheit betreten können.

Chris Hayward ist ein erfahrener Seelsorger. Er kennt die zerstörerische Wirkung von Ablehnung im Leben von Menschen – bis hin zu Scheidungen, Zerbruch von Beziehungen, Spaltung von Gemeinden, Ablehnung von Völkern und Rassen. Warum ist das so? Was steckt dahinter? Und vor allem: Wie wird man frei davon? Mithilfe vieler Beispiele aus der Praxis erschließt der Autor dieses Thema und weist den Weg zur Überwindung von Ablehnung.

Chris Hayward ist seit 30 Jahren im pastoralen Dienst und leitet den internationalen Heilungs- und Befreiungsdienst **Cleansing Stream Ministries** – im deutsch-sprachigen Raum als **Reinigender Strom** bekannt. Diese Organisation hilft Gemeinden, mit biblisch ausgewogener und effektiver Heilung und Befreiung zu dienen. Wenn Sie mehr über Reinigender Strom erfahren wollen, dann wenden Sie sich an gerne an uns, und wir senden Ihnen Informationen zu.

Besuchen Sie unsere Webseite – www.reinigenderstrom.de

Erhältlich unter: www.wcvshop.de

Unsere Städte für Gott erreichen

Wie Gemeiden in Einheit ihre Stadt gewinnen

Daniel Bernard bringt praktische, motivierende Beispiele aus seinem Dienst „Somebody Cares Tampa Bay" und anderen Orten, um aufzuzeigen, wie Einheit unter Gläubigen und die Partnerschaft mit christlichen Unternehmen Städte beeinflussen kann.

Dieses Buch verbindet erstaunliche biblische Einsichten in Bezug auf Einheit mit dem „sozialen Beweis": Es ***ist*** möglich, Städte wirksam mit dem Evangelium zu erreichen und zum Guten zu verändern.

Der Autor bietet eine Menge effektiver Ideen, einschließlich:

- 80 Wege, um Einheit unter Gemeinden zu fördern
- 25 Vorschläge, um Pastoren zusammenzubringen
- 56 Wege, um christliche Unternehmen in die Erreichung der Stadt einzubeziehen

Daniel Bernard – Softcover – 200 Seiten

Vorwort von Axel Nehlsen, „Gemeinsam für Berlin"

Erhältlich unter: www.wcvshop.de